Phänomen-Verlag

Widmung

Für meine Kinder,
Annette, Matthias, Sebastian, Nadja

Horst Költze

Pädagogik der Selbst-Genese
Wie der Evolutionsgeist die Schule transformiert

Grundzüge einer Konzeption für artgerechte Menschen-Bildung

Bibliografische Information Der Deutschen Bibliothek:
Die Deutsche Bibliothek verzeichnet diese Publikation in der Deutschen Nationalbibliografie; detaillierte bibliografische Daten sind im Internet über http://dnb.ddb.de abrufbar.

Horst Költze
Pädagogik der Selbstgenese
EAN 978-84-122012-3-9

Bildnachweis
Horst Költze, Der Weg des Menschen zu sich selbst, 1958
Covergestaltung: Sabrina Cleva Noll, Hamburg

Web: www.phaenomen-verlag.de
E-Mail:kontakt@phaenomen-verlag.de

Satz & Gestaltung: Phänomen-Verlag

INHALT

Dank

Mein erster Dank gilt meinem Lehrer, Professor D. Dr. Gerhard Bohne für die Begegnung mit Sören Kierkegaards Selbst-Modell in seinem Essay *Die Krankheit zum Tode*.

Weiteren Dank bin ich all jenen Menschen schuldig, die mich auf dem Weg meiner Selbst-Genese in der Begegnung mit ihnen den Unterschied zwischen einem kongruenten Selbst und einem Derivat-Selbst gelehrt haben.

Nicht zuletzt danke ich dem Verleger des Phänomen-Verlages, Tom Eichler, für die teamartig kommunikative Zusammenarbeit bei der Gestaltung dieses Werkes.

Zwischen Reiz und Reaktion
gibt es einen Raum.
In diesem Raum haben wir
die Freiheit und die Macht,
unsere Reaktion zu wählen.
In unserer Reaktion liegen
unser Wachstum und
unsere Freiheit.

Viktor E. Frankl

Einleitung

Die *Pädagogik der Selbst-Genese* leitet durch Fokussierung der Bildung auf das Phänomen „Selbst"einen Paradigmenwechsel in der Schulbildung ein,

- von der Schülerin/vom Schüler als „Objekt"der Lehrpläne und Bildungsprogramme
- zur Schülerin/zum Schüler als „Subjekt"des eigenen Curriculums.

Die Legitimation der *Pädagogik der Selbst-Genese* basiert auf einem Menschenbild, das durch den angeborenen Impuls des Homo sapiens zur Individuation seines Selbst als ontische Faktizität seiner Ur-Konstitution markiert ist.

Die Innovation der *Pädagogik der Selbst-Genese* ist legitimiert

- durch das ontisch begründete Struktur-Modell des Selbst Sören Kierkegaards,
- durch den virtuellen Intervall-Raum des „Inneren Universums" für das Frontalhirntraining zur Selbstregulation.

Diese Innovationen fördern die Weiterentwicklung des Menschheitsbewusstseins. Sie sind Teil der anthropologisch orientierten Teleologie der Evolution im integralen Bewusstseinszeitalter.

Damit ist die *Pädagogik der Selbst-Genese* eine evolutionslogische Antwort auf die ökologischen und geistigen Herausforderungen, mit denen die Menschheit im neuen Jahrtausend konfrontiert ist, besonders

- durch die Identitätskrise in der Begegnung mit humanoiden Robotern,
- durch Planung des „superhuman" mittels Download des Geistes in Maschinen,
- durch die unausweichlich bewusstseinserhellende Selbstkonfrontation anlässlich der globalen Corona-Krise.

Mit der Fähigkeit der Selbstregulation in integraler Bewusstseinshaltung entwächst der Mensch seinem „pubertären Bewusstseinsstand", in dem er sich als „Opfer seines Schicksals" verstanden hat.

Mit der Fähigkeit der Selbstregulation

- entspricht der Homo sapiens mit erwachtem Bewusstsein seiner evolutionär-teleologischen Bestimmung zum „Co-Kreator" seines inneren, virtuellen, und äußeren, materiellen, Universums,
- wird der Homo sapiens im Bewusstsein alleiniger Verantwortung für „seine" Welt nach zweihundert fünfzig Jahren währender Befreiung von dirigierenden Autoritäten JETZT mündig.

Im Kontext der *Pädagogik der Selbst-Genese* werden Vorläufer des Paradigmenwechsels in der Psychoanalyse und in der Sozialforschung dargestellt. Als Protagonisten gelten Heinz Kohut mit der *Selbstpsychologie* (1977) und Niklas Luhmann (1987) und Klaus Hurrelmann (1999) mit dem Konzept der *Selbstsozialisation*.

Darüber hinaus enthält der Kontext einen kritischen Diskurs zur Existenzfrage des „Selbst".

Gegenüber der vermeintlichen „Zertrümmerung"des Selbst durch den Bewusstseinsphilosophen Thomas Metzinger in seinem Werk *Der EGO-TUNNEL* wird das SELBST als ontische Faktizität legitimiert.

A. Die Ausgangslage

Die Konfrontation des Menschen mit seiner vornehmsten Aufgabe

Vor etwa zweieinhalb Jahrtausenden antwortete das Orakel zu Delphi auf die Frage:

„Was ist die vornehmste Aufgabe des Menschen?“

„ERKENNE DICH SELBST!“

Im 21. Jahrhundert ist diese Aufforderung verschärft. Sie lautet:

„SEI, DER DU BIST, EIN SELBST!“

Die Verschärfung entsteht aus zwei aktuellen Situationen.

Die erste Situation hat der Mensch sich selbst geschaffen:

In Gestalt eines humanoiden Roboters steht die Aufforderung „SEI, DER DU BIST, EIN SELBST!“ leibhaftig vor ihm, wenn er sich selbst, wie in einem Experiment realisiert, durch die Augen des Roboters als seine eigene Gestalt vor sich selbst stehen sieht[1] und er sich fragt: wer bin ich eigentlich?

Die zweite Situation ist mit Covid-19 über ihn gekommen. Die Isolierung wegen der Corona-Gefährdung hat ihn auf sich selbst „zurückgeworfen“ ins „Da“ seines „Seins“[2]. Die Isolierung provoziert unausweichliche Selbst-Konfrontation mit bio-physischen und mentalen Grund-Lebensfragen:

- Wer bin ich eigentlich?
- Wohin gehe ich mit dem nächsten Schritt?
- Wie gehe ich?
- Wozu gehe ich?

Der Ur-Grund dieser Fragen ist die Frage nach dem eigenen Selbst.

In noch nie gekanntem Ausmaß ist jeder Mensch des Planeten Erde in dieser Bewusstseins erhellenden Weise mit dieser Grundfrage konfrontiert worden. Jeder Mensch ist aktuell herausgefordert, seine eigene Antwort auf die Grundfrage zu finden:

WIE BIN ICH MEIN SELBST?

Diese Frage ist die andere, die „innere" Existenzfrage der Menschheit, neben der „äußeren", nach der Bewahrung des Planeten Erde als organische Lebensquelle.

„Die Herausforderung für eine lebensfähige Zukunft der Menschheit. ... kann nicht ohne die richtigen Bildungssysteme gelöst werden", stellt der US-amerikanische Bildungsphilosoph Zachary Stein im Interview mit Caspar Henderson über sein Buch

Education in a Time between Worlds fest.[3] Denn „in Wirklichkeit handelt es sich in der Metakrise um ein Bildungsproblem. Es ist ein Problem mit der Art und Weise, wie Menschen die Welt verstehen, wie Menschen Sinn machen. Und das bedeutet, dass wir uns, obwohl wir uns viel mehr als jetzt um die technischen Probleme kümmern müssen, als wir es *wirklich* tun, zuerst um die Bildungskonfigurationen kümmern müssen, in denen sich Menschen befinden.

Ich sage, wir müssen tatsächlich einen neuen Weg finden, um Bildung zu machen."[4]

Diese Zukunftsaufgabe erfordert fundamentale Transformation der Schule.

Dieser „neue Weg" ist zunächst ein Weg „nach innen" zum eigenen Selbst durch Realisierung der Forderung „SEI, DER DU BIST, EIN SELBST!"

Der Zukunftsforscher Matthias Horx erkennt: „Zukunft entsteht aus Selbstregulation!"[5] das bedeutet: indem der Mensch sich selbst, sein Selbst reguliert.

Das ist „der neue Weg, um Bildung zu machen": Regulation des eigenen Selbst.

Das ist die genuine Aufgabe der Schule, künftig durch Selbst-Genese den jungen Menschen zu seiner Selbstregulation anzuleiten.

Die vorliegende Schrift bietet dafür eine Fundamental-Konzeption.

B. Die Theorie

I. Einführung

Prämisse der dargestellten Theorie einer *Pädagogik der Selbst-Genese* ist das Verständnis des Menschen als Selbst, dessen Struktur aus einem relationalen Beziehungssystem dreier Dimensionen besteht. Diese Struktur des Selbst ist das Ergebnis einer Existenzanalyse des Geisteszustandes ‚Verzweiflung', die Sören Kierkegaard, der Begründer der Existenzphilosophie, durchgeführt hat.[1] Diese Struktur konstituiert das ‚innere Universum'[2] des Menschen.

Dieses Verständnis des Selbst als relationales Bezugssystem ist die Basis der Selbst-Genese-Pädagogik. Aus diesem Verständnis des Selbst wird eine Systematik von Prinzipien abgeleitet, die einer auf Selbst-Genese fokussierten praktischen Pädagogik als Leitlinien zur Orientierung dienen.

Die Theorie einer *Pädagogik der Selbst-Genese* bietet durch Entwicklung des virtuellen ‚Intervallraumes' als „natürliche Conditio humana"[3] fundamentale Orientierung für die Lebenspraxis des heranwachsenden Menschen als Subjekt der von ihm zu schaffenden Welt in Verantwortung vor dem eigenen Selbst, vor der Gemeinschaft aller Menschen und vor der Natur als Grundlage allen Lebens. „Erst das Subjekt als eine sich selbst und seine Umwelt gestaltende Einheit, das erkennt und urteilt, verkörpert die Bedingung der Möglichkeit zu erkennen, zu objektivieren und Sinn zu stiften."[4]

Die anthropologisch orientierte *Pädagogik der Selbst-Genese* ist

- eine Resonanz auf das teleologisch angelegte natürliche Bedürfnis des Menschen nach Freiheit in der Bestimmung des eigenen Selbst und nach Einheit in der Identität mit sich selbst und
- eine Antwort auf die Herausforderung des Homo sapiens durch den humanoiden Roboter wie auch durch Covid-19.

II. DAS MENSCHENBILD-AXIOM DER PÄDAGOGIK

Der Mensch als Nestflüchter und Mängelwesen[5] bedarf der Leitung und Begleitung auf dem Wege seiner Menschwerdung.

Bereits in der Antike wirkten in wohlhabenden Familien „Kindesführer" als Pädagogen.

In Deutschland existiert die Pädagogik als „Wissenschaft der Kindesführung" seit 1779.

In der Praxis der Kindesführung wird ein Axiom der Pädagogik evident:

Jede pädagogische Aktion basiert auf einer Vorstellung vom Menschen, bewusst oder unbewusst.

So stellt B. Hamdan fest: „Alles erzieherische Handeln hat eine irgendwie geartete anthropologische Dimension."[6] Diese Dimension findet ihren spezifischen Ausdruck in der Gestalt eines Menschenbildes.

Eckhard Meinberg pointiert die fundamentale Bedeutung von Menschenbildern, indem er formuliert: „Das Menschenbild ist bereits vor allem wissenschaftlichen Reflektieren unlösbarer Bestandteil unseres tagtäglichen Handelns, und es begleitet oder begründet das pädagogische Tun, dessen wissenschaftliche Ergründung der Erziehungswissenschaft zufällt."[7]

Dieses Phänomen bedeutet: Jede Pädagogik, ob geisteswissenschaftliche, empirisch-analytische, systemische oder kritische basiert auf einem Menschenbild, auch dann, wenn es nicht explizit ausformuliert ist.

Ein ausformuliertes Menschenbild ist eine Antwort auf die Grundfrage der Pädagogik: Was ist der Mensch?

Die Antwort der *Pädagogik der Selbst-Genese* lautet: Der Mensch ist Geist - also ein Selbst[8], ein Selbst, wie mit der Grafik des Selbst-Modells nach Sören Kierkegaard auf Seite 26 dargestellt.

III. GRUNDZÜGE EINER FUNDAMENTAL-KONZEPTION

1) Fundamental-Thesen

Am Beginn der *Pädagogik der Selbst-Genese* stehen zwei Fundamental-Thesen.

Erste These:

Die ontische Faktizität der Konstitution des Selbst ist im Selbst-Modell nach Kierkegaard evident.

Begründung:

Die ontische Faktizität des Selbst erkennt jeder Mensch, der sich seiner inneren Vorgänge bewusst ist, als konstitutives geistiges Urphänomen seiner Existenz mit der Methode teilnehmender introspektiver Selbstbeobachtung.

Diesem Ur-Phänomen menschlicher Existenz kann sich, wie wir in den folgenden Ausführungen darstellen, ein Mensch eben sowenig entledigen, wie er nicht nicht kommunizieren kann.[9]

Zweite These:

Die *Pädagogik der Selbst-Genese* leitet den jungen Menschen zur Erkenntnis seines ontischen Selbst und zur Selbst-Genese.

Begründung:

Die Begründung folgt

- aus den Grundannahmen und Prozessfaktoren pädagogischer Praxis,
- aus den Grundbedingungen der Lehrer*Innenbildung, nachdem Schulbildung auf Selbst-Genese fokussiert ist,
- aus empirischer Forschung, die die Selbst-Genese der Schülerinnen und Schüler in Langzeituntersuchungen auf ihre Wirksamkeit untersuchen wird, unter dem Aspekt teleologischer Persönlichkeitsentwicklung zum independenten, kongruenten Selbst.

2) Bildungs-Fundament ist das ontische Selbst

a) Das ontische Selbst - der Geistkörper

Das „Selbst" ist „ein uneinheitlich verwendeter Begriff mit psychologischen, pädagogischen, soziologischen, philosophischen und theologischen Bedeutungsvarianten. Im Sinn der Selbstbeobachtung, also in Bezug auf die Empfindung, ein einheitliches, konsistent fühlendes, denkendes und handelndes Wesen zu sein, dient er zur Reflexion, Verstärkung und Betonung des Begriffs Ich. Das Selbst wird verwendet im Sinne des Zentrums der Persönlichkeit."[10]

Das „ontische Selbst" ist ein „Geistkörper" mit „virtuellen Organen",[11] die wir in den folgenden Ausführungen auf der Basis der Existenzanalyse des Selbst nach Kierkegaard darstellen.[12]

Kierkegaard fasst das Ergebnis seiner Existenzanalyse in folgende Worte:

> *„Der Mensch ist Geist. Aber was ist Geist? Geist ist das Selbst. Aber was ist das Selbst?*
>
> *Das Selbst ist ein Verhältnis, das sich zu sich selbst verhält ... Das Verhältnis ist nicht das Selbst, sondern dass das Verhältnis sich zu sich selbst verhält ..."*[13]

Aus dieser Definition des Selbst ist ein strukturelles Modell des Geistes entstanden, das als ‚ontisches Selbst` intersubjektive Gültigkeit beansprucht. Dieses Modell entspricht den existenzanalytischen Grundannahmen der Anthropologie Viktor Frankls, den Erkenntnissen über ein „entschlüsseltes Bewusstsein" des Neurologen Antonio R. Damasio,[14] der Bewusstseinsethik einer neuen Philosophie des Selbst von Thomas Metzinger,[15] den Forschungsergebnisssen des Neurophilosophen Georg Northoff[16] und den Prinzipien der von Heinz Kohut entwickelten Selbstsychologie,[17a] um nur einige namhafte Experten zu nennen, die bei der Entwicklung der Fundamental-Konzeption der *Pädagogik der Selbst-Genese* Pate stehen.

Wie ist das Strukturmodell Kierkegaards, das aus drei relationalen Verhältnissen des virtuellen Geistkörpers „Selbst“ besteht, zu verstehen?

Jedes der von Kierkegaard genannten Verhältnisse interpretieren wir als Dimension zwischen zwei Polen.

Die Struktur des relationalen Systems der Dimensionen ist die ontische Konstitution des Selbst, die wir als „Anatomie des Selbst“[18] bezeichnen und die wir in der Grafik auf der folgenden Seite als Körpergestalt eines Menschen veranschaulichen.

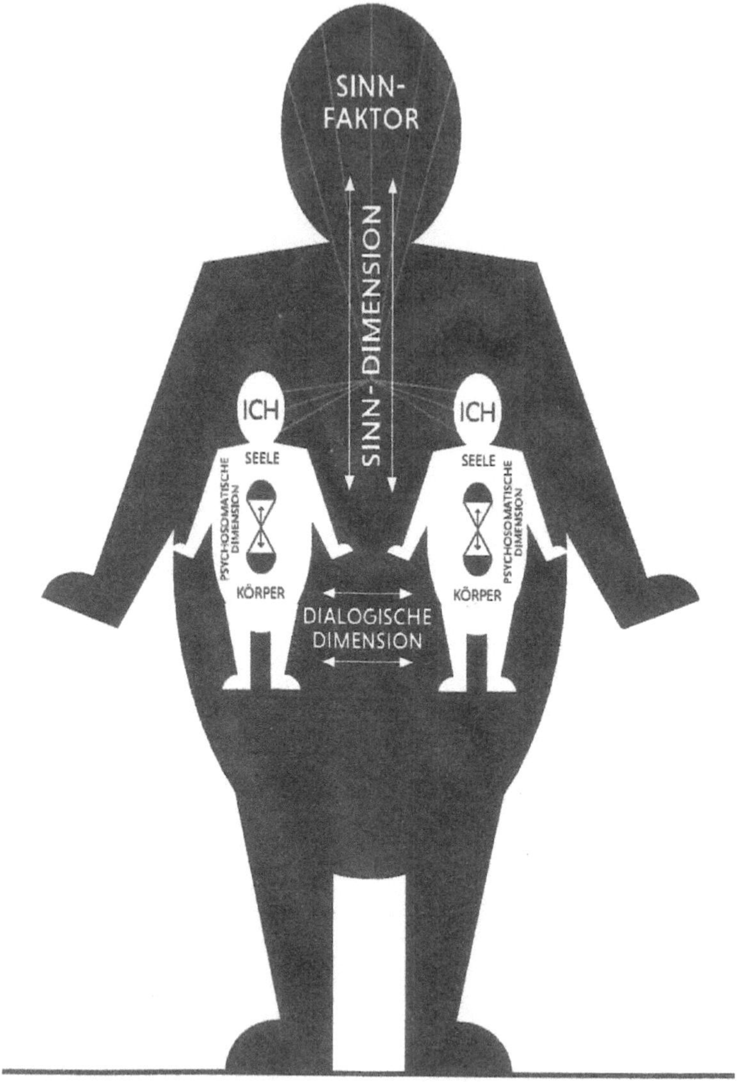

ANATOMIE DES SELBST

aus psychosomatischer, dialogischer und Sinn-Dimension

In diesem „strukturellen Modell des Selbst" bilden wir Kierkegaards *erste Feststellung*, „das Selbst ist ein Verhältnis", als psychosomatische Dimension ab. Diese Dimension stellt das relationale Verhältnis zwischen Körper und Seele dar.

In dieser Dimension

- finden die relationalen Prozesse zwischen Organismus und Psyche statt,
- sind die Erkenntnisse der kognitiven Neurowissenschaft des „Körper-Selbst" als „Ego" lokalisiert, das „dem Organismus (erlaubt), sich seine eigene Hardware anzueignen"[19],
- entwickelt sich das Ich-Gefühl des Menschen, das seinen Anfang nimmt, sobald der Mensch „ich" sagt und sich mit einem „Gefühl für seine Einmaligkeit und sein Sich-selbst-gleich-sein"[20] als sich selbst erlebendes Selbst-Objekt bewusst ist.

Dieses erste Verhältnis entspricht dem Teil des Selbst, das wir in der Gestalt der „Anatomie des Selbst" als „Ich" darstellen, als personale Entität.

Kierkegaards *zweite Feststellung*, „das Selbst ist ein Verhältnis, das sich zu sich selbst verhält", stellen wir als dialogische Dimension eines virtuellen Wahrnehmungsraumes dar.

In diesem Wahrnehmungsraum nimmt jeder Mensch sich selbst als sein eigenes Gegenüber wahr, als ein Gegenüber,

- das sich seiner selbst bewusst ist,
- das befähigt ist, mit sich selbst auf der „inneren Bühne des Bewusstseins“[21] einen virtuell-verbalen inneren Dialog zwischen „Ich“ und „Ich“ zu führen, z. B. in der Sprachform „ich frage mich“, während es sich selbst wie vor einem inneren Spiegel selbstreflexiv als seine eigene Selbstreferenz re-flektiert,
- das zur „Re-Repräsentation“[22] befähigt ist, in dem das Bewusstsein der Entscheidungsfreiheit entsteht, wenn der Mensch sich bewusst für Ja oder Nein entscheidet,
- das zum inneren Dialog befähigt ist, das sich als Ich erlebt und auf der Basis der Selbst-Rolle Ich-Identität und „Identitätsbalance“ zwischen Rollenerwartungen entwickelt, [23]
- das befähigt ist, zu erkennen, ob sein Real-Ich mit seinem Ideal-Ich identisch ist,
- das in der Selbst-Reflexion erkennt, ob es mit sich selbst identisch ist, oder ob es ‚neben sich steht‘, ähnlich wie in dem Experiment mit dem humanoiden Roboter, in dem der Proband seine eigene Person durch die Augen des Roboters vor sich selbst stehen sieht, und „sich vorübergehend mit einem computergenerierten äußeren Bild des eigenen Körpers“ identifiziert. [24]

Das subjektive Erleben der Option zur introspektiven Intraaktion und Selbst-Konfrontation hat die Qualität einer mit hohem intersubjektiven Evidenzgrad ausgezeichneten Faktizität, mit der der Evolutionsgeist der Mutter Natur jeden Menschen dieser Erde ausgestattet hat, ähnlich wie mit dem aufrechten Gang auf zwei Beinen. Diese Ausstattung ist ein Ergebnis der Evolution des Homo sapiens in der Abfolge der Bewusstseinszeitalter vom archaischen, magischen, mythischen, mentalen zum integralen Bewusstseinszeitalter.[25] Mit dieser Ausstattung ist dem Homo sapiens die Option zur Selbst-Genese verliehen, zur Selbst-Werdung im Sinne Gilbert Simondons: Das Individuum ist „ein Prozess, der nicht aufhört zu werden, was er ist."[26]

Außer dieser Ausstattung des Selbst mit Seins- und Prozess-Attributen ist in der dialogischen Dimension ein virtuelles Organ „lokalisiert", das wir als „Intervall-Raum" bezeichnen. Der „Intervall-Raum" befindet sich zwischen Reiz und Reaktion. Dieser virtuelle „Intervall-Raum" hat Viktor Frankl ermöglicht, den Holocaust zu überleben. Die Bedeutung dieses Raumes ist mit folgenden Worten verbalisiert:

> *„Zwischen Reiz und Reaktion gibt es einen Raum.*
> *In diesem Raum haben wir die Freiheit und die Macht,*
> *unsere Reaktion zu wählen.*
> *In unserer Reaktion liegen unser Wachstum und unsere Freiheit."*

Mit dem virtuellen Intervall-Raum hat der Evolutionsgeist der Mutter Natur Homo sapiens die Verantwortung zur Selbst-Gestaltung übergeben, mit der Option, sich gegenüber emotionalen und mentalen Impulsen in Freiheit zwischen Ja oder Nein zu entscheiden.

Jeder Mensch, der sich seiner selbst bewusst ist, der seine emotionalen und mentalen Impulse bewusst wahrnimmt und mit ihnen achtsam umgeht, kennt diesen Intervall-Raum, der am Beginn der Selbst-Genese kaum wahrnehmbar ist und der erst mit erwachendem Bewusstsein entwickelt wird.

„Die implizite Botschaft des bewussten Zustandes (lautet): ‚Die Aufmerksamkeit muss auf X gerichtet werden.' Bewusstsein erwächst aus *verstärktem* Wachsein und *fokussierter* Aufmerksamkeit, die beide die Vorstellungsverarbeitung bestimmter Inhalte verbessern und zur Optimierung augenblicklicher und geplanter Reaktionen beitragen können. ... Das Ergebnis ist größere Wachsamkeit, schärfere Aufmerksamkeit, bessere Vorstellungsverarbeitung. ... Die Schlussfolgerungen offenbaren beispielsweise die enge Verbindung zwischen der Regulation des Lebens und der Vorstellungsverarbeitung, die im Sinne einer individuellen Perspektive implizit ist". [27]

„Der Prozess der Selbstregulation läuft ständig ab und ist prinzipiell endlos. ... Diese Regulation ist ... von Merkmalen der Intentionalität, der Voraussicht, der Selbstbezogenheit und Selbstreflexivität geprägt.

... Selbstregulation wird durch Selbstaufmerksamkeit erleichtert."[28]

Ziel der biophysischen Regulation des Organismus ist es, „mit Hilfe gezielter Kommando- und Kontrollfunktionen, die über Zellkern, Organellen und Zytoplasma verteilt sind",[29] das „innere Milieu",[30] die „Homöostase"[31] des ‚inneren Universums'[32] gemäß den „Sollwerten" des Organismus[33] aufrecht zu erhalten. Für diesen Zustand der „Stabilität"[34] sorgen Strukturen der „Kerngebiete des Hirnstamms, des Hypothalamus und des basalen Vorderhirns" als „Kontrollregionen", als „Steuerfelder". [35]

Diese Hirnareale bilden die organische Basis der Conditio humana, quasi die „natürliche Conditio humana"[36] des Homo sapiens. Die Neuronen dieser Areale reagieren auf „Konditionierung mit den fundamentalen Werten der homöostatischen Regulation: Belohnung und Bestrafung, Lust oder Schmerz, Annäherung oder Rückzug, persönlicher Vorteil oder Nachteil und, unvermeidlich, Gut (im Sinne des Überlebens) oder Böse (im Sinne des Todes)".[37]

Ziel der geistigen Regulation des Selbst ist es, Kongruenz zwischen Idealselbst und Realselbst zu erreichen, mit Hilfe des „Sinnfaktors" als „Komparator",[38] dem die angestrebte Qualität inhärent ist.

Sofern der Mensch nach empfangenem Impuls bereit ist inne zu halten, hat er die Chance der „Impulskontrolle".

„Das bewusste Erleben ist eine Schnittstelle, ein unsichtbares, perfektes inneres Medium, das einem Organismus erlaubt, auf flexible Weise mit sich selbst in Wechselwirkung zu treten. Es ist ein Kontrollinstrument und funktioniert, indem es eine innere Benutzerschnittstelle (den Intervall-Raum, d. Verf.) erzeugt, eine ‚Als-ob'-(sprich: virtuelle) Realität. Es filtert Informationen, besitzt eine hohe Bandbreite, ist unmissverständlich, widerspruchsfrei und zuverlässig, und es erzeugt ein Gefühl der Anwesenheit. Und was noch wichtiger ist: Es generiert auch ein Selbstgefühl. Es platziert Sie in den Mittelpunkt eines Verhaltensraums, ins Zentrum ... ihrer inneren virtuellen Realität."[39]

Nach dem „Selbstregulationsmodell" überprüft „ein Individuum, das ein Ziel erreichen will, ... seine gerade ablaufenden Aktivitäten und vorhandenen Zustände. ... Diese Inputs werden mit einem Komparator, als einer Bezugsgröße, verglichen".[40] Die Bezugsgröße des ontischen Selbst ist der individuell gewählte Sinnfaktor.

Aus dem erfahrungsbasierten „dispositionalen Raum"[41] steigen Erlebnisimpulse in den gegenwarts- und zukunftsbezogenen „Vorstellungsraum" und lösen hirn-mechanistische Reaktionsmuster aus, die im Intervall-Raum mit dem Komparatorfaktor abgeglichen werden und zu der bewussten Reaktion führen, die dem Sinnfaktor gemäß ist. Denn „zur Organisation des Lebens (gehören) nicht nur Handlungen ... , die von Muskeln ausgeführt werden, sondern auch ... Vorstellungen, die in der Lage sind, innere Zustände des Organismus, Objekte, Handlungen und Beziehungen abzubilden".[42]

In diesem Sinne funktioniert die Impulskontrolle des Intervall-Raums, bevor der sich seiner selbst bewusste Homo sapiens auf einen Stimulus reagiert, der sein neurobio-psycho-System stimuliert.

Der Intervall-Raum bietet dem Homo sapiens die Option,

- inne zu halten und zu reflektieren, wie er reagieren will,
- die Geistqualität des Stimulus auf seine Wertsubstanz zu prüfen,
- die Wirkung zu antizipieren,
  - ° ob sie konstruktiv oder destruktiv ist,
  - ° ob sie, humanes Leben fördert oder behindert oder gar zerstören könnte,
- menschenwürdig zu handeln, im Gegensatz zur unbewussten, reflexartigen, unreflektierten, triebhaften Handlung.

Der Intervall-Raum

- ist durch die Option zur Impulskontrolle die „Conditio humana“ als genuines Wesensmerkmal des Menschen, das ihn in einem höheren Grad als Homo sapiens auszeichnet als sein aufrechter Gang,[43]
- bildet den „Individualitätskern“(Anja Weinberg) des ontischen Selbst.
- ist die Basis der „Bewusstseinsethik“.[44]

Das Erleben, emotionale und mentale Stimuli im Intervall-Raum zu qualifizieren, ermöglicht verstärkt Wahrnehmung und Realisierung „höherstufiger Eigenschaften des Ego, wie z. B. das Erleben des eigenen Willens oder des Vollzugsbewusstseins“.[45] Das Erleben des Intervall-Raums hat die Bedeutung eines humanen Zentrums des Homo sapiens, in dem „Bewusstseinsethik“ und „Bewusstseinskultur“[46] virtuell realisiert werden.

Der Einwand, das Verhalten des Menschen sei durch seine Gene schicksalhaft fixiert, ist durch Erkenntnisse der Hirnforschung widerlegt.

Die neurologische Basis ‚biologischer Eigenverantwortung‘ (Astrid Laasch) sind „Neuronen (die sich) durch Lernen (verändern)“. „Erfahrung kann Neuronen dazu veranlassen, sich anders zu verhalten, indem sich beispielsweise die Art verändert, wie sie miteinander verbunden sind.“[47] „Die Kontrolle der

Emotionen ... gehört zu diesem Bestand an Dispositionen."[48]

Daraus resultiert: die Option zur freien Entscheidung ist nicht eingeschränkt.

Die biophysische Verhaltensbasis ist veränderbar, wenn der Mensch bereit ist,

- sein Verhalten zu ändern,
- durch seine Willensentscheidung den Neuronen andere als Gen- und/oder kindheitsfixierte Stimuli zu bieten,
- durch neue Erfahrungen einen Habitus zu kreieren, der dem Sinnfaktor-Komparator seines Ideal-Selbst entspricht.

Außer der Bereitschaft zur Veränderung bedarf es dazu eines „Frontalhirntrainings",[49] um fähig zu werden, die Reaktion wählen zu können, die dem eigenen Sinnfaktor gemäß ist.

Evolutionäres Ziel ist mentale Selbstregulation und Selbstgestaltung durch selbstreflektorische Erkenntnis der „Anatomie des Selbst" mit der Fähigkeit zur Re-Repräsentation.[50] Diese Erkenntnis ist aus der „Innenperspektive des erlebenden Selbst",[51] aus der „Erste-Person-Perspektive" als „Erste-Person-Wissen" entstanden, als „phänomenaler Inhalt"[52] in der Qualität intersubjektiven Wissens vom Geistkörper des Selbst, ähnlich dem Wissen vom Körperbau aus Kopf und Rumpf, Armen und Beinen.

Dieser „phänomenale Inhalt der ‚Erste-Person-Perspektive'" ist eine ontisch-anthropologische Faktizität und als solche „ontologisch irreduzibel".[53]

Dieses durch eine *Pädagogik der Selbst-Genese* geförderte „Frontalhirntraining" zur Entwicklung bewussten „Vollzugsbewusstseins"[54] für Impulskontrolle bewirkt eine „Bewusstseinsrevolution"[55] im pädagogischen Sektor. Denn erstmals in der Geschichte der Pädagogik wird der Bildungsprozess auf Handlungsabläufe bei der Impulskontrolle im Selbst der Schülerinnen und Schüler fokussiert und durch kontinuierliches Üben der Achtsamkeit bei der Entstehung der Reaktion auf äußere und innere Stimuli ein „Vollzugsbewusstsein" entwickelt.

Die „Bewusstseinsrevolution" ist im pädagogischen Sektor ein Erfordernis der Metakrise der Menschheit. „Wir müssen reflektierter sein", fordert der Bildungsphilosoph Zachery Stein vom Ronin Institute in Montclair. „Dies ist eine tiefgreifende pädagogische Herausforderung und eine historische Chance."[56] Der Homo sapiens hat, wie wir nachgewiesen haben, die biophysisch-psychische Ausstattung, diese Herausforderung zu bewältigen.

Aus dem Phänomen der Option zur Impulskontrolle resultiert die Frage:

Gibt es Willensfreiheit zur Entscheidung? An dieser Stelle verweisen wir auf einen Exkurs zur Willensfreiheit.

Unsere Position entspricht unseren bio-physischen Erkenntnissen der Neurobiologen Humberto Maturana und Francisco Varela: Lebende Systeme haben mit der Fähigkeit der Autopoiesis die Freiheit, sich ihre Welt selbst zu erschaffen.[57] Diese bio-physische Position wird durch das neuro-psychische Statement des Psychiaters Thomas Fuchs gestützt: „Das Gehirn allein denkt gar nicht. Es gilt „immer die ganze Person, die ... entscheidet ... und nicht ein Neuron oder ein Cluster von Molekülen."[58]

Im Bewusstsein freier Entscheidung erlebt sich der Mensch, wenn er sich selbst zwischen Ja oder Nein entscheidet. Willensfreiheit ist für ihn erlebte Faktizität. Seine existentielle Frage, die aus diesem Erleben folgt, ist die nach der Orientierung.

Bewusste Entscheidung vollzieht sich im virtuellen Raum der dialogischen Dimension und orientiert sich an einem Sinnfaktor als Entscheidungsmaßstab. Das Kriterium der Qualität des Orientierungsmaßstabes ist dem Sinnfaktor inhärent.

Der Sinnfaktor ist in Kierkegaards Selbst-Modell in der Sinn-Dimension lokalisiert.

Die Sinn-Dimension bildet Kierkegaards *dritte Aussage* zum Selbst:

Das Selbst des Menschen ist ein „abgeleitetes, gesetztes Verhältnis (Psychosomatik, d.Verf.), ... ein

Verhältnis, das sich zu sich selbst verhält (Re-Repräsentation in der dialogischen Dimension, d.Verf.) und, indem es sich zu sich selbst verhält, sich zu einem anderen verhält" (zum Sinnfaktor, d.Verf.). [59]

Wer ist „der Andere"?

Kierkegaard ist überzeugt, das Selbst ist von Gott „gesetzt". Er schreibt: „Gott, der den Menschen zum Verhältnis macht ....".[60]

Der „Andere", zu dem sich das Verhältnis in der Sinn-Dimension verhält, ist – nach Kierkegaards Verständnis – Gott als Bezugspunkt des inneren Dialogs, als Orientierungsmaßstab der Entscheidungen.

Diese Position Kierkegaards säkularisieren wir, indem wir die ‚Instanz Gott' durch die ‚Instanz Sinnfaktor' neutralisieren. Denn die intersubjektive Konstitution des ‚ontischen Selbst` Kierkegaards weist über den religiösen Sektor hinaus.

Mit der ‚Instanz Sinnfaktor' erweitern wir Kierkegaards religiösen Bezug einer „Rückverbindung zum transzendentalen Wirklichkeitsbereich"[61] um den immanenten Wirklichkeitsbereich. Der seit der ‚Aufklärung' in seiner Geisteshaltung mündig gewordene Mensch entscheidet selbst, aus welchem Bereich er seinen Sinnfaktor wählt.

Die Entscheidungsfindung folgt in der Regel einer Bedürfniskette, die von materieller Lebenssicherung bis zu geistigen Zielen wie Selbstverwirklichung und Transzendenz reicht.[62] Maßgebend ist die aktuelle Lebenssituation des Menschen und der individuelle Reifegrad seines Bewusstseins, verbunden mit seiner Motivation zur Selbst-Genese.

Der Sinnfaktor ist Ausdruck der Überzeugung, welchem Urgrund, welcher energetischen Lebensquelle seines Seins, der Mensch als die sich selbst generierende Entität vertraut.

Mit der Wahl der Werthaltung, die dem Sinnfaktor inhärent ist, verantwortet jeder Mensch

- die Genese seines Selbst, ob es ein stabiles, „kohäsives" oder ein labiles, „fragmentiertes Selbst" wird,[63]
- „die Konstanz des inneren Milieus... als Entwurf und Ansatzpunkt für das, was später ein Selbst im Geist wird",[64]
- die Qualität seines inneren und auch die Qualität seines äußeren Universums.

Die Wahl des Sinnfaktors entscheidet darüber, ob das Ergebnis der Selbst-Genese ein interdependentes Selbst wird, dessen Stabilität von Bezugsgruppen abhängig ist, oder ein independentes Selbst, dessen Stabilität auf dem Bezug zur eigenen Überzeugung basiert.

Die Wertsubstanz des gewählten Sinnfaktors wird am Verhalten eines Menschen sichtbar, das Ausdruck seines Selbst-Verständnisses ist. Gehlen folgert: „Ob sich der Mensch als Geschöpf Gottes versteht oder als arrivierten Affen, wird einen deutlichen Unterschied in seinem Verhalten zu wirklichen Tatsachen ausmachen". [65]

Die Manifestationen der Geisteshaltung, die der Homo sapiens mit der Wahl seines Sinnfaktors bewirkt, lassen das wirkmächtige Potential erkennen, über das er als emergenter Co-Kreator seiner Selbst-Schöpfung mit seinen bewussten Entscheidungen in jeder Lebenssituation verfügt.

Die Säkularisierung des Sinnfaktors konfrontiert den Homo sapiens mit seiner letzten, seiner höchsten Verantwortlichkeit, mit der Verantwortung für seine Selbst-Genese und für die Erhaltung seiner Lebensgrundlage, des Ökosystems.

Er allein ist verantwortlich für die Gestaltung seines inneren und äußeren Universums, ob er es will oder nicht. Diese Verantwortung wird der Mensch nicht los, sie ist seiner anthropologischen Konstitution inhärent. Kierkegaard erkennt: „Um das Verhältnis zu sich selbst kann ein Mensch nicht kommen, sowenig wie um sein Selbst, was übrigens ein und dasselbe ist, da ja das Selbst das Verhältnis zu sich selbst ist."[66]

Diese nicht loszuwerdende Konstitution des Homo sapiens als ontisches Selbst mit der Grundstruktur aus den drei dargestellten Verhältnis-Dimensionen hat die Qualität eines anthropologisch-existentiellen Axioms.

Diese Konstitution macht den Homo sapiens zum Co-Kreator seines Selbst, indem er seine Selbst-Genese als emergente „Selbstevolution“[67] selbst gestaltet. Dafür verfügt er im 21. Jahrhundert über vielerlei Verfahren im psychologischen und im spirituellen Sektor.

Seine Selbst-Genese vollzieht der Mensch während aktueller Lebenssituationen im Hier und Jetzt als Kontinuum zwischen dem ontischen Selbst als Basis, der Selbst-Werdung als Prozess und dem entwicklungsoffenen kohäsiven Selbst als Telos.

Der Mensch der Postmoderne ist mündig geworden. Die Menschheit tritt gegenwärtig aus ihrem Pubertätsstadium über Selbst-Genese ins Erwachsenen-Alter ein, trotz aller Friktionen und Konflikte im psychischen, sozialen, gesellschaftlichen und politischen Sektor.

FAZIT

Der Geistkörper des „ontischen Selbst"

Das anthropologische Phänomen „Selbst" hat der „Sokrates in Dänemark"[68], der Existenzphilosoph Sören Kierkegaard, mittels phänomenologischer Existenzanalyse des Geisteszustandes „Verzweiflung" in Selbst-Konfrontation mit der Methode „puren Nachdenkens" analysiert.[69] Ergebnis ist eine Struktur des Selbst als ein aus drei relationalen Verhältnissen „gesetztes Verhältnis".[70] Diese Verhältnisse interpretieren wir als bipolare Dimensionen, als psychosomatische, als dialogische und als Sinn-Dimension. Sie stellen das „strukturelle Modell der Psyche" dar, gleichsam den Körperbau des „phänomenalen Selbst".[71]

Die drei „gesetzten" Dimensionen bilden ein virtuelles „Gefäß" des Selbst, das wir in der Grafik als Menschengestalt dargestellt haben.

Der „Inhalt" des „Selbst-Gefäßes" ist nicht „gesetzt". Den „Inhalt" generiert der Homo sapiens in der dialogischen Dimension durch „Self-related Processing"[72] selbst, indem er für Entscheidungen zwischen Ja oder Nein seinen Sinnfaktor als Entscheidungsmaßstab wählt. Mit jeder Entscheidung erschafft er den „Inhalt" seines „Selbst-Gefäßes". Das „Self-related Processing" der „Inhaltsgenerierung" bleibt im Laufe des Lebens entwicklungs- und ergebnisoffen. Aktuell wird es in jeder Entscheidungssituation dynamisiert, prinzipiell durch Wechsel des Sinnfaktors, sobald der Mensch sein Selbst- und Lebensverständnis wandelt.

Die Qualität des Sinnfaktors bildet die Substanz des „Inhalts", die dem Entwicklungsstand des individuellen Bewusstseins entspricht.

Das bedeutet: Auf jeder Entwicklungsstufe ist der Homo sapiens für die Qualität seines „Selbst-Gefäßes" selbst verantwortlich, auch dann, wenn er zulässt, dass eine Autorität der Bezugs-Maßstab seines Sinnfaktors ist.

Jede seiner Entscheidungen basiert auf neuronalen und biochemischen Vorgängen seines Körpers in Verbindung mit dem Sinnfaktor, der sowohl das biochemische „innere Milieu"[73] im Rahmen der virtuellen psychosomatischen Dimension qualitativ prägt wie auch das geistige „innere Milieu".

Die neuronalen, biochemischen und mentalen Vorgänge bilden „das, was später ein Selbst im Geist wird".[74]

Die dargestellten Zusammenhänge machen evident: das Selbst ist durch „Self-related Processing" eine integrale Einheit aus „gesetztem Gefäß" und selbstgeneriertem geistigen „Inhalt", ähnlich wie der Körper Gestalt und biochemischer Prozess ist, der den „Inhalt", d. h. den Körperzustand bewirkt.

Die drei virtuellen Dimensionen der integralen Einheit bilden ein Interdependenzverhältnis. Die Vorgänge in der psychosomatischen Dimension (naturgegebene oder pathologische) beeinflussen die Qualität des inneren Dialogs (als konstruktive oder als depressive Stimmung), die Wahl des Sinnfaktors korrespondiert mit der Qualität des inneren Dialogs und mit dem psychosomatischen Zustand im bioenergetischen Organismus.[75]

Die integrale Einheit seines Selbst erlebt der Homo sapiens mit einem Bewusstsein, das „verschiedene Teile gleichzeitig zusammenbindet, so dass sie als Teile eines umfassenden Ganzen erscheinen",[76] dem das Individuum als Person gegenübersteht.

An diesem intrapsychisch erlebten Phänomen der Einheit des Selbst wird die Tendenz des „bewussten Gehirns" deutlich, gleichsam wie eine „biologische Maschine – (wie) ein Wirklichkeitsgenerator[77] aus Repräsentationen, die durch die Sinne in den neuronalen Arealen entstanden sind, eine Ganzheit zu bilden. „Fortlaufend hat das Gehirn die dynamische Repräsentation einer Entität zur Verfügung ... - den Körper...".[78]

Das Selbst erlebt der Homo sapiens in seinem Bewusstsein als Repräsentation der eigenen Person, die „den Vorgang des Repräsentierens an sich noch einmal" repräsentiert als ein Verhältnis, das sich zu sich selbst verhält. Kierkegaard formuliert dieses Phänomen mit folgenden Worten: „Das Selbst ist ein Verhältnis, das sich zu sich selbst verhält ... Das Verhältnis ist nicht das Selbst, sondern dass das Verhältnis sich zu sich selbst verhält."[79]

Thomas Metzinger formuliert diesen Zustand etwas griffiger, wenn er schreibt: „ Unser in der Evolution entstandener Typ von bewusstem Selbstmodell ist einzigartig und für das menschliche Gehirn spezifisch, und zwar deshalb, weil wir den Vorgang des Repräsentierens an sich noch einmal repräsentieren und uns dadurch selbst – wie Antonio Damasio sagen würde - ‚im Akt des Wissens' ertappen können."[80] „Das ganzheitliche Ichgefühl (ist) kein Mysterium ...- es ist eine Form von bewusstem repräsentationalem Inhalt".[81]

Die Evidenz der dargestellten neuronalen und mentalen Abläufe im Selbst ist von jedem Menschen, der sich seiner selbst bewusst lebt, als „Phänomenologie der Gewissheit"[82] erlebbar. „Wir alle haben teil an diesem Phänomen – dem Geist (jenem ‚privaten Prozess in der ersten Person`) – dem Bewusstsein im Geist und dem Verhalten – und wir wissen genau, wie sie miteinander verknüpft sind."[83] Diese strukturelle und dynamische Konstitution bildet den Geistkörper des Menschen, das Selbst.

Es ist evident und indiskutabel, dass alle Menschen den gleichen Körperbau aus Kopf und Rumpf, Armen und Beinen haben. Das gleiche gilt für den Bau des dargestellten Geistkörpers. Alle Menschen haben die gleichen drei virtuellen Organe, die psychosomatische, die dialogische und die Sinn-Dimension.

Es ist evident, dass sich jeder Mensch für seine bewusste Entscheidung zwischen Ja oder Nein im

Rahmen der dialogischen Dimension an einem Sinnfaktor als „Komparator“[84] für sein Verhalten orientiert, der in der virtuellen Sinn-Dimension des Selbst lokalisiert ist.

Der dargestellte integrale Geistkörper „Selbst“ bildet analog zum organischen Körper die geistige Lebensbasis aller Menschen dieser Erde. Allerdings unterscheiden sich die Menschen prinzipiell in der Wahl des Sinnfaktors. Während im westlichen Kulturkreis der Sinnfaktor tendenziell auf Individualität bezogen ist, gilt im östlichen Kulturkreis vorwiegend Gruppenzugehörigkeit als Entscheidungsmaßstab für individuelles Verhalten.

Mit der strukturellen und dynamischen Konstitution des Geistkörpers hat der Evolutionsgeist der Mutter Natur den Menschen zum Homo sapiens entwickelt, der mit der Option der Re-Repräsentation im Intervall-Raum zwischen Stimulus und Response zur Impulskontrolle und dadurch zur Selbst-Regulation befähigt ist. Damit verfügt der Homo sapiens über „die Freiheit und die Macht“ (Viktor Frankl), die Gestaltung seines „inneren Universums“[85] selbst zu bestimmen.

Diese Konstitution kann kein Mensch abschaffen, es sei denn, er schafft sich selber ab.

Die intersubjektive integrale Konstitution weist das Selbst als „nicht eradizierbare“ ontische Faktizität aus, als „ontisches Selbst". Diese Faktizität hat die Qualität eines anthropologisch-existentiellen Axioms.

Die folgende Grafik bietet eine Übersicht über die dargestellten Zusammenhänge zwischen bio-physischem Organismus und Geist.

<table>
<tr><th colspan="2">Integrale
KÖRPER-GEIST-ARCHITEKTUR[86]
des HOMO SAPIENS</th></tr>
<tr><td>ORGANISMUS
Grundlage für Geist[87]</td><td>SELBST
Ausdruck von Geist[88]</td></tr>
<tr><td colspan="2">STRUKTUR</td></tr>
<tr><td><u>Körperbau</u>
aus Kopf/Rumpf – Armen/Beinen
und Viszera[89]
mit Subsystemen</td><td><u>Virtuelle Geistgestalt des Selbst</u>
aus Proto-Selbst, Kernselbst, autobiographischem Selbst [90]
- mit
°psychosomatischer Dimension,
° dialogischer Dimension,
° Sinn-Dimension
- mit Intervall-Raum zur Selbstregulation</td></tr>
</table>

<table>
<tr><th colspan="2">FUNKTION</th></tr>
<tr><td>Stabilität [91]
im Lebensprozess durch Körperbau und Invarianz
- der Neuronen im Gehirn
- der Muskelzellen des Herzens
- der Zellen der Linse
Veränderung durch
kontinuierlichen Rekonstruktionsprozess
auf der Ebene von Zellen und Molekülen</td><td>Stabilität
im Entscheidungsprozess
durch virtuelle Geistgestalt des Selbst
mit struktureller Invarianz der „Anatomie des Selbst“
Veränderung
- punktuell durch Selbstregulation
- evolutionär durch Neuwahl des Sinn-Faktors</td></tr>
<tr><th colspan="2">TELOS</th></tr>
<tr><td>Erhaltung der Sollwerte des inneren Milieus zum Wohlgefühl und zum Überleben[92]</td><td>Kongruenz zwischen Ich-Identität und Sinnfaktor als Komparator der „Selbstevolution“[93]</td></tr>
</table>

b) Legitimation des ontischen Selbst als Bildungs-Fundament

Das Ur-Phänomen „Selbst“ ist eine ontische Faktizität und als solche das ontische Selbst.

Die als „Anatomie des Selbst“ dargestellte Konstitution ist als virtuelle Geiststruktur des Homo sapiens ebenso evident wie sein Körperbau aus Kopf und Rumpf, Armen und Beinen.

Die Geiststruktur des Homo sapiens ist mit einem Humanzentrum ausgestattet, mit dem Intervall-Raum als „natürliche Conditio humana“.

Auf diesen Intervall-Raum ist der Bildungsprozess der Selbst-Genese fokussiert, indem der junge Mensch angeleitet wird, seine emotionalen und mentalen Stimuli im Geiste humaner Menschwerdung zu regulieren.

Auf dem Weg der Menschwerdung befindet sich der Mensch von Anbeginn seines Lebens im Prozess der Selbst-Genese von der „unabsichtlichen“, der „spielerischen“, zur „absichtlichen Selbstausbildung“ bis zur „bewussten Selbsterziehung“.[97]

Für diesen Weg der Selbst-Genese hat der Evolutionsgeist der Mutter Natur den Menschen zum Homo sapiens mit den Fähigkeiten der „Re-Repräsentation“[98] und des „Self-related Processing“[99] entwickelt. Geiststruktur und „Self-related Processing“ legitimieren das ontische Selbst als intersubjektiv gültiges Bildungs-Fundament der *Pädagogik der Selbst-Genese.*

IV. PÄDAGOGISCHE PRAXIS

Wie lernt der Mensch sein Selbst zu regulieren?

Die Bewältigung dieser Aufgabe erfordert zwei essentielle Grundbedingungen.

Erstens: Die Kenntnis des eigenen Selbst.

Zweitens: Die Entwicklung des virtuellen „Intervall-Raums" zwischen Stimulus und Response mit dem Ziel der Selbstregulation.

a) Grundannahme

Jedes Kind will selber lernen.

Selber Lernen-wollen ist eine im Menschen von der Natur angelegte Grundtendenz, denn jeder Mensch will sein Leben selbstständig führen. Deshalb ist er intrinsisch motiviert, sein emotionales und mentales Potenzial vom Babyalter an selbstständig zu entwickeln.

b) Prozessfaktoren

Bildungsansatz ist der „Selbst-Sinn"[100] des jungen Menschen.

Bildungs-Fundament ist das ontische SELBST als anthropologische Basis.

Bildungsziel ist „learning to be", [101] ein kongruentes Selbst zu sein, das die Qualität emotionaler und mentaler Stimuli des „inneren Universums"

- im Entstehungsstadium wahrnimmt,
- im virtuellen Intervall-Raum ihre Wirkungen einschätzt und
- im Sinne des Sinnfaktors als Komparator selbstregulierend steuert.

Curriculum ist der junge Mensch selbst. Denn den „neuen Kindern" ist ihr ureigenstes Potenzial aus Kopf-Intelligenz und Herz-Intelligenz bewusst. [102]

Die **Motivation** entwickelt sich aus der Interessenlage und dem Neugierverhalten der selbst-kompetenten „neuen Kinder".[103]

Der **Lernprozess** besteht aus

- Selbstlernen als Impuls- und Aktionszentrum,
- interaktioneller Kooperation zwischen den Lernenden untereinander und der
- Interaktion mit der Lehrerin/des Lehrers als Lernbegleiter.

Unterrichtsprinzip ist Selbst-Genese. Von Anbeginn des Bildungsprozesses wird der „Selbst-Sinn" gefördert. Lernimpulse werden in Lernsituationen auf

Bewusstwerdung der Entscheidungsvorgänge im Intervall-Raum des eigenen Selbst mit Orientierung am eigenen Sinnfaktor als Komparator fokussiert.

Der **Lernerfolg** wird durch Selbsteinschätzung des jungen Menschen in Verbindung mit Fremdeinschätzung der Lernbegleiterin/des Lernbegleiters ohne Noten festgestellt. Dabei gilt als Maßstab,

- unter Selbst-Genese-Aspekt die entwickelte Kompetenz der Selbst-Regulation im Selbst-Vergleich zwischen Real-Selbst und Ideal-Selbst,
- unter Fachaspekt die im Lernraster formulierten Lernziele.

Die **Entwicklung der Selbst-Genese** basiert auf erwachtem Bewusstsein vom ontischen Selbst

- als virtuelles Gefäß mit selbstreferentiellem Beziehungs-System aus den drei dargestellten virtuellen Geistorganen der drei Dimensionen,
- indem der Inhalt des Selbstgefäßes mit der Wahl des Sinnfaktors als Komparator während des Prozesses der Impulssteuerung im Intervall-Raum entsteht.

Der **Bildungsprozess** der Selbst-Genese verläuft in Gestalt eines Kontinuums zwischen dem Selbst als Fundament, der Selbst-Werdung als Lernprozess und der Kongruenz des individuellen Selbst zwischen Real-und Idealselbst als Ziel.

Bildungsqualität basiert auf Verantwortungsbewusstsein für die Genese eines kohäsiven, kongruenten Selbst in Verbindung zum Mitmenschen und gegenüber Mutter Natur. Für die Substanz der Qualität gilt der für alle Menschen formulierte Orientierungs-Maßstab des DALAI LAMA:

„Für mich stellen Liebe und Mitgefühl eine allgemeine, eine universelle Religion dar, ... wenn man einfach nur versucht, ein menschliches Wesen zu sein mit einem warmen Herzen und einem Lächeln, das genügt."

Die Geisteshaltung dieser universellen Religion ist von Attributen geprägt, die nach Jakob Lorber zu den sieben Geistern Gottes gehören, wie Liebe, Weisheit, Wille, Ordnung, Ernst, Geduld, Barmherzigkeit.[104]

FAZIT

Die Prozessfaktoren pädagogischer Praxis stellen die Parameter des Bildungsbewusstseins der Selbst-Genese-Pädagogik dar.

Der Geist der Selbst-Genese-Pädagogik bewirkt „Integrale Bildung",[105] in der das weibliche Prinzip und das männliche Prinzip[106] als kongruentes Selbst eine integrale Einheit bilden.[107]

Auf diese Weise vollzieht sich im neuen, im integralen Bewusstseinszeitalter ein Wandel vom verordneten Zwangslernen zur Selbst-Genese im Sinne des Zukunftsforschers Matthias Horx: „Zukunft entsteht in Selbstregulation,"[108] „Selbstregulation" durch Entwicklung des Intervall-Raums als humanes Zentrum des Homo sapiens.

Selbstregulation auf dem Wege der Selbst-Genese ist der Fokus der Selbst-Genese-Pädagogik.

Die Bedeutung der Selbst-Genese hat die Weltfriedens-Förderin Masami Saionji so formuliert:

> *„Jedes menschliche Wesen, ohne Ausnahme, erschafft sich kontinuierlich selbst – mit der Lebensenergie, die in ihm fließt. Dieser Akt des Schöpfens ist die Mission Ihres Lebens. Ohne diesen gäbe es kein Leben. Ob zum Guten oder Bösen. Sie leben, weil Sie schöpfen. Was schöpfen Sie? Wie schöpfen Sie etwas? Dies hängt von Ihrem freien Willen ab."*[109]

V. ZUR LEHRER*INNENBILDUNG

Die Lehrer*Innenbildung hat bei der Realisierung der *Pädagogik der Selbst-Genese* die Funktion einer Schlüsselstellung. Eine detaillierte Erörterung dieses entscheidenden Faktors würde den Rahmen dieser Schrift sprengen. Deshalb weisen wir an dieser Stelle nur auf eine unverzichtbare Grundbedingung hin:

Lehrerinnen und Lehrer werden im Rahmen der Entwicklung ihrer Selbstkompetenz[110] im Grundstudium durch Absolvierung eines Moduls „Selbst-Genese" mit der Methode der Selbsterfahrung befähigt, Schülerinnen und Schüler zur Selbst-Genese anzuleiten und sie in der Entwicklung ihres kongruenten Selbst zu begleiten.

Ziel ist die Bereitschaft zur kontinuierlichen Selbst-Genese. Erst wenn Lehrerinnen/Lehrer zur Selbst-Genese fähig sind, sind sie fähig, Kinder und Jugendliche auf ihrem Wege zum eigenen Selbst zu begleiten.

Das Modul „Selbst-Genese" ist Teil des „Anthropologikums", das als obligatorischer Bestandteil des Grundstudiums in die Lehrer*Innenbildung implementiert wird. Basis des „Anthropologikums" ist die existenzanalytische Anthropologie Viktor Frankls. [111]

Nach bestandenem „Anthropologikum“ erhalten die Studierenden ein Zertifikat, das Bedingung zum Weiterstudium auf Lehramt ist.

C Der Kontext

I. ZUR METHODE

Diese Schrift basiert auf der Methode des ‚umfassenden Empirismus', bestehend aus direkter Wahrnehmung und der Bestätigung durch Andere.[1] Sie ist im Selbst-Deutungsmuster der qualitativen Forschung empirischer Erziehungswissenschaft in erkundender Methode geschrieben.

Die dargestellten subjektiven Phänomene „der inneren Natur unseres bewussten Geistes"[2] werden als im „inneren Universum",[3] erfahrenes Interdependenzverhältnis unter psycho-phänomenologischem Aspekt dargestellt und im Modell der ‚Anatomie des Selbst' als bipolare Dimensionen veranschaulicht. Die Darstellung des Selbst-Modells nach Sören Kierkegaard gründet auf „empirischer Anschauung".[4]

Die Struktur der ‚Anatomie des Selbst' aus drei Dimensionen ist auf dem Wege der Selbsterfahrung als „empirische Anschauung" intersubjektiv erlebbar und auf dem Wege der Selbstreflexion überprüfbar. Die selbstreflektorischen Abläufe innerhalb der Interdependenzverhältnisse der bipolaren Dimensionen des ontischen Selbst weisen auf eine intersubjektiv-strukturelle Systematik hin, die das ontische Selbst als objektive Faktizität legitimiert.

Diese Erkenntnis des Phänomens „Selbst" ist sowohl „Objekterkenntnis", die das Selbst als virtuelles Objekt abstrahiert, als auch „Selbsterkenntnis", die im Erkennen der inneren Vorgänge des eigenen

Selbst die intersubjektiv innere Struktur des Selbst erkennt. Bei diesem „sich-selbst-erkennenden Selbst“ handelt es sich in der Bipolarität der jeweiligen Dimension um eine „Korrelation zweier Relate“, die „beide in einem interdependenten Zusammenhang“ stehen.[5] In diesem Interdependenzverhältnis zwischen „Objekterkenntnis“ und „Selbsterkenntnis“ kommt letzterem als reflexivem Selbstwissen die Bedeutung eines „ontologischen Primats“ zu, eines „Ursprungs“ in der „Funktion eines Anfangs und Prinzips“, der „gleicherweise als Deduktions- wie als Dependenzgrund fungiert“.[6] „Wir alle haben teil an diesen Phänomenen – dem Geist, dem Bewusstsein im Geist und dem Verhalten – und wir wissen genau, wie sie miteinander verknüpft sind.“[7]

Das „Selbst“ hat im Laufe der Wissenschaftsentwicklung als Faktizität den Stellenwert eines Ur-Phänomens erhalten.

So erkennt z. B. Carl R. Rogers: „Das Selbst war jahrelang unpopuläres Konzept in der Psychologie gewesen, und diejenigen, die von einer klientbezogenen Orientierung her therapeutisch tätig waren, hatten zu Anfang sicherlich keinerlei Neigung, das Selbst als ein erklärendes Konstrukt zu verwenden. Aber so vieles vom verbalen Austausch der Therapie hatte mit dem Selbst zu tun, dass die Aufmerksamkeit zwangsläufig in diese Richtung gelenkt wurde. Der Klient hatte das Gefühl, nicht sein wirkliches Selbst zu sein, er spürte oft, dass er sein wahres Selbst nicht kannte, und empfand Zufriedenheit, wenn er mehr er selbst geworden war. Diese Tendenzen ließen sich klinisch nicht übersehen."[8]

FAZIT

Diese Schrift hat den Anspruch weite Wissenschaft zu sein, denn sie basiert auf Erkenntnissen der Geisteswissenschaft, der Naturwissenschaft und der Sozialwissenschaft, die wir mit der Methode analoger Kontextualisierung in einen Zusammenhang gesetzt haben.

Die Terminologie dieser Disziplinen haben wir in den entsprechenden Darstellungen verwendet. Der ubiquitäre Terminus „Selbst" gewinnt in dieser Dastellung differenzierende Klarheit. Er wird nicht mit Begriffen wie „Ich", „Personkern" u. a. synonym verwendet.[9]

Der Ansatz der Theorie der *Pädagogik der Selbst-Genese* ist gegenwärtig der Geisteswissenschaft zuzuordnen und wird, sobald Schulbildung auf Selbst-Genese fokussiert ist, nach angemessener Zeit durch Methoden der empirischen Erziehungswissenschaft ergänzt. Es ist zu erwarten, dass die fundamentale persönlichkeitsbildende Relevanz dieses pädagogischen Konzepts bestätigt wird, mit der Einschränkung, dass die in diesem komplexen anthropologischen Feld relevanten Fakten der Persönlichkeitsbildung nicht vollständig mit Ergebniskennzahlen zu erfassen sind, weil sie nicht standardisierten Lernanforderungen entsprechen.

II. DISKURS ZUR EXISTENZFRAGE DES SELBST

1. Einführung

Die Initiierung einer *Pädagogik der Selbst-Genese* wäre unvollständig, wenn nicht die kritische Grundfrage nach der Existenz des Selbst diskutiert würde.

Die Weisheit der Sprache hat im westlichen Kulturkreis für das Phänomen der Repräsentation des „Ich“ mit sich selbst den Begriff „Selbst“ geprägt.

Die Bedeutung dieses Begriffs für das Sich-selbst-Erleben des Menschen wird besonders an der Häufigkeit des Präfix „Selbst“ in der deutschen Alltagssprache mit mehr als zweihundert Wörtern deutlich, ohne dass der Begriff „Selbst“ eindeutig definiert wäre. Der Begriff wird „mit psychologischen, pädagogischen, soziologischen, philosophischen und theologischen Bedeutungsvarianten ... verwendet im Sinne des Zentrums der Persönlichkeit.“[10]

„Forderungen nach einer exakten Definition der Natur des Selbst lassen die Tatsache außer Acht, dass das „Selbst“ kein Konzept einer abstrakten Wissenschaft ist, sondern eine von empirischen Daten abgeleitete Verallgemeinerung“, stellt Heinz Kohut fest. [11]

2. Reduktionistische versus evolutionäre Positionen

Reduktionistische und evolutionäre Positionen stellen wir mit Grundaussagen einiger ihrer Vertreter vor.

a) Reduktionistische Positionen

aa) Position des Philosophen und Bewusstseinsforschers Thomas Metzinger

Der Philosoph und Bewusstseinsforscher Thomas Metzinger vertritt in seinem Buch ‚Der EGO-TUNNEL` eine reduktionistische Position: „Wir sind Ego-Maschinen, aber wir haben keine Selbste“.[12] Das Selbst sei nur ein „inneres Konstrukt“.[13] Dieses individuelle selektive „Konstrukt“ ist das „phänomenale Ego“, ein „inneres Bild der Person-als–Ganzer“, „das ‚Ich‘ oder ‚Selbst‘, so wie es im bewussten Erleben“ erscheint. Daher verwende ich die Begriffe ‚phänomenales Ego‘ und ‚phänomenales Selbst‘ synonym“.[14]

„Das phänomenale Ego ist kein geheimnisvolles Ding und auch kein kleines Männchen im Kopf“.[15]

Erkenntnisse der aktuellen Hirn- und Bewusstseinsforschung beweisen angeblich, dass „das Selbst“ in Wirklichkeit nicht existiert.[16]

Unsere Position:

- Metzingers synonyme Verwendung der Begriffe „Ego" und „Selbst" weist darauf hin, dass seine Vorstellung vom „Selbst" von indifferenter Unklarheit gekennzeichnet ist.

  Dagegen bezeichnen „Ego" und „Selbst" unterschiedliche Geisteszustände des Menschen.

  Wie wir an Faktoren der Struktur des ontischen Selbst nachgewiesen haben, ist die virtuelle Gestalt des „Selbst" größer als die des „Ich".
- Das „kleine Männchen im Kopf", der Homunkulus, existiert zwar nicht, aber „das bedeutet jedoch nicht, dass wir nun zusammen mit dem Homunkulus auch den Begriff des Selbst aufgeben müssten", schreibt der weltweit bekannte Neurologe Antonio Damasio.[17] „Das innere Bild der Person-als–Ganzer",
  - ° das „kein geheimnisvolles Ding und auch kein kleines Männchen im Kopf" (Homunkulus) sei,
  - ° das ein Mensch im EGO-Realitäts-Tunnel als subjektives Selbst erlebt,
  - ° das Metzinger synonym als ‚phänomenales Selbst` bzw. als ‚phänomenales Ego` klassifiziert,

  bezeichnet Damasio als „autobiographisches Selbst", das von der „sensorischen Maschinerie des Gehirns mit einem im Akt des Erlebens gerade angelegten neuronalen Musters" auf der Basis des „Kernselbst" erzeugt wird. [18]

- Das „innere Bild der Person-als–Ganzer", existiert nicht nur im individuellen Horizont des EGO-TUNNELS, sondern ist als „autobiographisches Selbst" mittels „neuronaler Muster" eine subjektive Objektivation der inkorporierten virtuellen Geiststruktur des ontischen Selbst, die intersubjektiv evident erfahrbar ist, analog der individuellen Körpergestalt aller Menschen dieser Erde mit der gleichen intersubjektiven Körperstruktur aus Kopf und Rumpf, Armen und Beinen.

  Die virtuelle Geiststruktur aus psychosomatischer, dialogischer und Sinn-Dimension mit der Funktion der konstitutiven Fähigkeiten, wie Re-Repräsentation[19] und Self-Related-Processing,[20] qualifiziert die virtuelle Geistgestalt des Homo sapiens als substanzielles ontisches Selbst, dessen Existenz die geistige Lebensbasis des Menschen darstellt, ebenso wie sein organischer Körper seine biologische Lebensbasis ist.

Fazit:

Die Interpretationen, die Metzinger in seiner umfangreichen Darstellung des „EGO-TUNNELS" aus Erkenntnissen der „kognitiven Neurowissenschaft" und aus Einsichten der „modernen Philosophie des

Geistes" ableitet,[21] sind iin Bezug auf das „Selbst" intersubjektiv nicht generalisierbar.

Die von Metzinger im „EGO-TUNNEL" zusammen getragenen Begründungen für die „Zertrümmerung des Mythos Selbst"[22] haben aus konstruktivistischer Perspektive nur für philosophische Bewusstseinsforscher generalisierende Relevanz, deren wissenschaftliches Verständnis die Interpretationsprämisse der Ergebnisse kognitiver Neurowissenschaft ist.

Der „Pilot", den Metzinger unter der Bedingung seiner Interpretationsprämisse „als einen nichtphysikalischen Gegenstand" vom „System" in „eine virtuelle Realität hineingeboren" interpretiert, ist nach unserer Interpretation vom Evolutionsgeist dem Gehirnsystem als „Steuerinstrument" mit der teleologischen Fähigkeit involviert,

- „ein komplexes internes Bild von sich selbst" zu generieren,[23]
- „das Leben eines komplexen Organismus in einer komplexen und nicht unbedingt zuträglichen Umwelt zu organisieren,[24]
- eine „wissentliche Regulierung des Lebenstriebs" im Sinne der Homöodynamik zu garantieren. [25]

Metzingers prognostizierte, generalisierende Feststellung einer „Entzauberung des Selbst"[26] durch den Prozess der Zertrümmerung des „Mythos Selbst"[27] erweist sich aufgrund Damasios Interpretation neurologischer Ergebnisse als Fehlinterpretation[28] der

Erkenntnisse kognitiver Neurowissenschaft. Metzingers Interpretation ist ein Ergebnis seines eigenen, subjektiven EGO-TUNNELS.

bb) Position des Sozialpsychologen Hans Dieter Mummendey

Der Sozialpsychologe Hans Dieter Mummendey spricht „statt vom ‚Selbst' besser vom Selbstkonzept" und versteht „darunter die Gesamtheit der auf die eigene Person bezogenen Beurteilungen und Bewertungen eines Individuums, als die Gesamtheit der Einstellungen zu sich selbst."[29]

„Ein ‚Selbst' existiert für psychologisch-wissenschaftliche Zwecke … nur als Ergebnis einer Einschätzung, einer Beurteilung von sich selbst."[30]

„Phänomene, die man an sich selbst, an der eigenen Person beobachtet und beurteilt, in Terminis einer Substanz zu denken und sie einer Instanz zuzuschreiben, die als ‚Selbst' bezeichnet wird", sei „menschlich-allzumenschlich, wenngleich auch nicht besonders wissenschaftlich".[31] Mummendey möchte „nicht annehmen, dass gegenwärtig publizierende Psychologen und ‚Selbst'-Forscher in ihrer Mehrheit wirklich an die Existenz eines substanzialisierten ‚Selbst` glauben."[32]

Mummendeys Glaube gipfelt in einer Warnung: Der „Rede von einem ‚Selbst' als Quasi-Substanz" folgen

„schädliche Konsequenzen“,[33] die er allerdings nicht präzisiert.

Mummendey begrenzt seine ‚Selbst‘-Forschung auf Prozesse des Selbstkonzepts, weil es das ‚Selbst‘ als ‚substanzialisiertes Selbst`, als Instanz, angeblich nicht gibt, bittet aber „den Leser um Nachsicht dafür“, dass „wir selbst im einen oder anderen Falle vom ‚Selbst‘ sprechen“[34], weil er den „eingebürgerten Begriff“ nicht „eradizieren“ will.

Unsere Position:

Mummendeys Begründung, den Begriff des „Selbst“ nicht „eradizieren“ zu wollen, ist vordergründig auf den formalen Aspekt des Begriffs „Eingebürgertheit“ bezogen.

Unter inhaltlichem Aspekt ist es unmöglich, den Begriff „Selbst“ zu ignorieren, denn dieser Begriff bezeichnet die Gestalt, in der die inneren Prozesse ablaufen, die Mummendey mit einer Vielzahl Ergebnisse empirischer Selbst-Forschung beschreibt.

Die Verwendung des Begriffs „Selbst“ ist ein Erfordernis der faktischen Konstellation der darzustellenden Realität, denn kein Prozess läuft im „luftleeren Raum“ ab.

Fazit:

1. Mummendeys Ausführungen offenbaren eine subtile Akzeptanz des „Selbst“ als Entität, indem er den Begriff „Person“ anstelle des Begriffs „Selbst“

synonym verwendet.[35] Sollte dieses Verfahren ein unbewusster Fehlgriff sein? Eher verweist es auf die faktische Existenz des „Selbst".

2. Mummendeys ignoranter Nihilismus gegenüber der Faktizität des ontischen Phänomens „Selbst" impliziert deren Existenz.

cc) Position des Religionsstifters Buddha

Buddha lehrte, der Mensch hat keine Seele.

Buddhisten halten die Seele, Synonym für Selbst, für nicht existent.

Der Buddhismus vertritt vorwiegend die Anatman-Lehre. Anatta, bedeutet „Nicht-Atman", das heißt „Nicht-Selbst" oder „Nicht-Seele". „Die Lehre vom „Nicht-Selbst" oder auch „Nicht-Ich", besagt, dass es kein permanentes Selbst, keinen unveränderlichen Wesenskern und keine unsterbliche Seele gibt."[36]

„Der Begriff Selbst bezeichnet eine beständige, unwandelbare Identität, doch da es, wie der Buddhismus sagt, nichts gibt, das beständig ist, und da das, was wir üblicherweise als Selbst bezeichnen, vollkommen aus Nicht-Selbst-Elementen besteht, gibt es in Wirklichkeit keine Entität, die Selbst genannt werden könnte."[37]

Unsere Position:

Niemand anders als das Selbst des Siddharta Gautama verließ mit etwa dreißig Jahren das Wohlleben im Palast seiner Eltern und seine Frau mit seinem kleinen Sohn.

Niemand anders als das Selbst des Siddharta Gautama war mit dem Wohlleben unzufrieden und unausgefüllt.

Niemand anders als das Selbst des Siddharta Gautama erwachte nach fünf Jahren asketischer Wanderung zum „wahren Sein" und erkannte den Mittelweg als Befreiung von Gedanken und Wünschen des Ego.

Niemand anders als Buddhas „permanentes Selbst" motivierte ihn weiter und weiter zu gehen, bis zur Befreiung im „Erwachen". Sein Real-Selbst trieb ihn durch Unzufriedenheit mit sich selbst bis zu diesem Zustand, in dem sein Ideal-Selbst mit sich selbst als Nicht-Ich einer kontinuierlich wandelbaren Entität identisch wurde.

Das Selbst des reichen Fürstensohnes Siddhartha Gautama hat ihn zum Mönch werden lassen, der nicht aufgab, den Weg zur Befreiung zu finden.

Fazit

Wenn „es kein permanentes Selbst, keinen unveränderlichen Wesenskern" gäbe, wäre der Buddhismus nicht durch den Religionsstifter Siddhartha

Gautama, als Buddha, als der „Erwachte", entstanden.

b) Evolutionäre Positionen

aa) Position des Tiefenpsychologen Carl Gustav Jung

„Intellektuell ist das Selbst nichts als ein psychologischer Begriff, eine Konstruktion, welche eine uns unerkennbare Wesenheit ausdrücken soll, die wir als solche nicht erfassen können, denn sie übersteigt unser Fassungsvermögen, wie schon aus ihrer Definition hervorgeht.

Sie könnte eben sowohl als 'der Gott in uns' bezeichnet werden. Die Anfänge unseres ganzen seelischen Lebens scheinen unentwirrbar aus diesem Punkte zu entspringen, und alle höchsten und letzten Ziele scheinen auf ihn hinzulaufen. Dieses Paradoxon ist unausweichlich, wie immer, wenn wir etwas zu kennzeichnen versuchen, was jenseits des Vermögens unseres Verstandes liegt.

Ich hoffe, es sei dem aufmerksamen Leser hinlänglich klar geworden, dass das Selbst mit dem Ich genau soviel zu tun hat wie die Sonne mit der Erde. Die beiden können nicht verwechselt werden."[38]

„Das Selbst könnte charakterisiert werden als eine Art von Kompensation für den Konflikt zwischen Innen und Außen. Diese Formulierung dürfte nicht übel passen, insofern das Selbst den Charakter von etwas hat, das ein Resultat, ein erreichtes Ziel ist, etwas, das nur allmählich zustande gekommen und durch viele Mühe erfahrbar geworden ist. So ist das Selbst auch das Ziel des Lebens, denn es ist der völligste Ausdruck der Schicksalskombination, die man Individuum nennt, und nicht nur des einzelnen Menschen, sondern einer ganzen Gruppe, in der einer den andern zum völligen Bilde ergänzt.

Mit der Empfindung des Selbst als etwas Irrationalem, undefinierbar Seiendem, dem das Ich nicht entgegensteht und nicht unterworfen ist, sondern anhängt, und um welches es gewissermaßen rotiert, wie die Erde um die Sonne, ist das Ziel der Individuation erreicht.

Ich gebrauche das Wort 'Empfindung', um damit den Wahrnehmungscharakter der Beziehung von Ich und Selbst zu kennzeichnen. In dieser Beziehung ist nichts Erkennbares, denn wir vermögen über Inhalte des Selbst nichts auszusagen. Das Ich ist der einzige Inhalt des Selbst, den wir kennen. Das individuierte Ich empfindet sich als Objekt eines unbekannten und übergeordneten Subjektes.

Mir scheint, als ob die psychologische Konstatierung hier zu ihrem äussersten Ende käme, denn die Idee eines Selbst ist an und für sich bereits ein transzendentes Postulat, das sich zwar psychologisch rechtfertigen, aber wissenschaftlich nicht beweisen lässt. Der Schritt über die Wissenschaft hinaus ist ein unbedingtes Erfordernis, der hier geschilderten psychologischen Entwicklung, denn ohne dieses Postulat wüsste ich die empirisch stattfindenden psychischen Prozesse nicht genügend zu formulieren.

Das Selbst beansprucht daher zum mindesten den Wert einer Hypothese, entsprechend der der Atomstruktur. Und - sollten wir auch hier noch in einem Bilde eingeschlossen sein - so ist es etwas übermächtig Lebendiges, dessen Deutung jedenfalls meinen Möglichkeiten nicht gelingt. Ich zweifle auch gar nicht, dass es ein Bild ist, aber eines, in dem wir noch enthalten sind"[39]

Unsere Position:

Für Carl Gustav Jung ist das ‚Selbst` zwar multidimensional existent, aber nicht eindeutig bestimmbar. Jung vermag „über Inhalte des Selbst nichts auszusagen", als dass „das Ich ... der einzige Inhalt des Selbst" sei. In „der Beziehung von Ich und Selbst" sei „nichts Erkennbares".

Wie wir oben dargestellt haben, weist das Ergebnis der Strukturanalyse des Selbst durch Sören Kierkegaard über Jungs Erkenntnisstand hinaus. Aus dem Ergebnis der Strukturanalyse resultiert eine differenzierte Darstellung des „Selbst-Gefäßes“ und des „Selbst-Inhalts“.

Fazit

Jungs multiperspektivische Beschreibung des Phänomens ‚Selbst‘ ist durch Kierkegaards Ergebnis der Existenzanalyse des Geisteszustandes „Verzweiflung“ erweitert.

bb) Position der pädagogischen Psychologin Ruth Rustemeyer

Die pädagogische Psychologin Ruth Rustemeyer versteht das Selbst im Rahmen ihrer empirischen Untersuchungen zur „Aktuellen Genese des Selbst“ „primär in der Bedeutung des sozialen Selbst“.[40] Danach ist „das Selbst ein Ergebnis gegenseitiger Beieinflussung von individuellen Dispositionen und aktuellen Situationsbedingungen.“[41]

Rustemeyers Position basiert auf dem Modell eines „verhältnismäßig konstanten, überdauernden Selbst.[42]

Das Selbst wird „im Laufe der Kindheit und Jugend aufgebaut ..., (bleibt) in seinen Grundzügen während des ganzen Lebens erhalten ... und (vermittelt) dadurch dem Individuum personale Kontinuität und Identität.“[43]

Rustemeyer bezieht sich auf den Stand der Selbst-Forschung und stellt fest: „Die Struktur des Selbst ... (werde) recht einheitlich als ein System von Teilkonzepten konzeptualisiert".[44]

„Die Modellvorstellungen hinsichtlich des Aufbaus der Selbst-Struktur ... reichen von der Annahme einer hierarchischen Struktur ... über ein System von Schemata ... , ein assoziatives Netzwerk ... bis hin zu einem multidimensionalen Raum".[45]

Unsere Position

Die von Rustemeyer festgestellte „Teilkonzeptualisierung" der Selbst-Struktur und die „Modellvorstellungen hinsichtlich des Aufbaus der Selbst-Struktur" sind nach Kierkegaards Definition des Selbst als kohärentes Selbst-Modell in der „Anatomie des Selbst" mit einem relationalen System aus psychosomatischer, dialogischer und Sinn-Dimension insgesamt abgebildet.

cc) Position des Neurophilosophen Georg Northoff

Der Neurophilosoph Georg Northoff ist von der Existenz des Selbst überzeugt:

„Zunächst funktioniert dieses selbstbezogene Verarbeiten rein neuronal, also als automatische Tätigkeit des Gehirns. Darauf bauen dann schrittweise immer höhere psychische Funktionen auf: ein körperliches, emotionales und schließlich auch geistiges (kognitives) Selbsterleben. Letzteres ermöglicht zunächst die bewusste Wahrnehmung und dann auch die bewusste Reflexion des eigenen Selbst." Northoffs Forschungsinteresse geht über die anthropologische Perspektive hinaus. Er forscht zum Thema Trans-Spezies-Konzept des Selbst, „das auf einem sogenannten ‚Kern-Selbst` basiert", mit dem Tiere und Menschen unter spezifischen Aspekten in gleicher Weise ausgestattet sind.

„Das Kern-Selbst besteht aus primordialen neuronalen Koordinaten, die Organismen als Lebewesen darstellen. Auf der untersten Ebene entstehen aus interozeptiven Zuständen Affekte als Absichten eines primordialen Kern-SELBST, während höhere mediale kortikale Ebenen Effekte erzeugen, die kognitive Integration bewirken und ein voll entwickeltes nomothetisches Kern-Selbst bilden.

Mittellinienstrukturen des Kernselbst setzen Stimuli aus der Umwelt bei Individuen derselben Gattung durch Self-related-Processing in Beziehung zu organischen Bedürfnissen und verbinden diese zu einem Muster.

Diese Funktionen arbeiten letztendlich als ein koordiniertes Netzwerk."[46]

Unsere Position

Nordhoffs Position des „Self-Related Processing", mit dem der Evolutionsgeist der Mutter Natur den Menschen zum Homo sapiens entwickelt hat, sehen wir mit Erkenntnissen Antonio R. Damasios bestätigt, durch die konstitutive Fähigkeit der Geiststruktur zur „Re-Repräsentation“[47] Damasio beschreibt diese Entwicklung mit folgenden Worten:

„Die frühesten Ursprünge des Selbst, einschließlich des höheren Selbst, das Identität und Personalität umfasst, sind in der Gesamtheit jener Hirnmechanismen zu finden, die fortwährend und unbewusst dafür sorgen, dass sich die Körperzustände in jenem schmalen Bereich relativer Stabilität bewegen, der zum Überleben erforderlich ist. Ständig repräsentieren diese Mechanismen - unbewusst - den Zustand des lebendigen Körpers in seinen vielen Dimensionen. Diesen Aktivitätszustand innerhalb der Gesamtheit der betreffenden Mechanismen bezeichne ich als Proto-Selbst, den unbewussten Vorläufer jener Stufen des Selbst, die in unserem Geist als bewusste Protagonisten des Bewusstseins in Erscheinung treten: Kernselbst und autobiographisches Selbst.“[48]

dd) Position des Neurologen Antonio R. Damasio

Der Neurologe Antonio R. Damasio entwickelt im Rahmen seiner Bewusstseinstheorie, die er mit seinem Werk *Ich fühle, also bin ich*[49] vorgelegt hat, ein System, in dem er die Existenz des Phänomens ‚Selbst‘ mit neuroanatomischen und neurologischen Befunden der Hirnforschung begründet. Das „biologische Substrat des Selbst"[50] lokalisiert er in einem „integrierten System" von „Gehirnstrukturen", in „Kerngebieten des Hirnstamms, des Hypothalamus und des basalen Vorderhirns".[51]

Damasios System des Selbst besteht aus neuronalen Mustern eines nichtbewussten „Proto-Selbst" als Basis für das „Kernselbst", das mit dem „autobiographischen Selbst" interagiert. [52]

Aus der umfangreich neurologisch fundierten Bewusstseins-Theorie zitieren wir zentrale Passagen, die das Phänomen ‚Selbst' differenziert konturieren:

„Wenn wir dem Begriff des Selbst auf den Grund gehen, stoßen wir auf den Begriff des singulären Individuums. Und wenn wir dem Begriff des singulären Individuums auf den Grund gehen, stoßen wir auf Stabilität[53] als „Ansatzpunkt für das ..., was später ein Selbst im Geist wird."[54]

„Der Teil des Geistes, den wir Selbst nennen, (wurzelt), biologisch gesprochen, in einer Reihe von unbewussten neuronalen Mustern, die wir den Körper im engeren Sinne nennen."[55]

„Wenn ... mein Geist ‚ich' sagt, dann übersetzt er rasch und mühelos den nichtsprachlichen Begriff des Organismus, der mir gehört, des Selbst, das mir gehört. Wäre nicht das ständig aktive Konstrukt eines Kernselbst vorhanden, könnte der Geist es unmöglich als ‚ich` übersetzen."[56] „Einige Aspekte der Erzählung (der nichtsprachlichen Erzählung des Kernbewusstseins, d. Verf.) sickern in unseren Geist und erzeugen dort die Ansätze eines erkennenden Geistes und die Anfänge des Selbst."[57]

„Das Selbst (verändert sich ständig) in unserem Bewusstseinsstrom, während es in der Zeit fortschreitet, obwohl wir das Gefühl haben, das Selbst bleibt sich gleich, während unsere Existenz sich weiter entfaltet. Die Lösung liegt in dem Umstand, dass das scheinbar veränderliche Selbst und das scheinbar dauerhafte Selbst zwar eng verwandt, aber doch nicht eine, sondern zwei Gegebenheiten sind. Das ewigem Wandel unterliegende Selbst ... ist der Kern-Selbstsinn. Im Grunde verändert er sich gar nicht so sehr, sondern ist vergänglich, flüchtig, der Notwendigkeit unterworfen, ständig erneuert und wieder geboren zu werden. Der Selbst-Sinn, der sich gleich zu bleiben scheint, ist das autobiographische Selbst.

...

Diese doppelte Organisation setzt die Mechanismen des Kernbewusstseins und die Verfügbarkeit eines Gedächtnisses voraus. Das Kernbewusstsein versorgt uns mit einem Kernselbst. ...

Nach meiner Hypothese ist das Kernbewusstsein ein zentraler Prozess, der durch ein umschriebenes mentales und neuronales System hervorgebracht wird."[58]

„Persönliche Aufzeichnungen" werden im „gebündelten Gedächtnis" zum „autobiographischen Selbst. Das Wunderbare ist ..., dass das autobiographische Gedächtnis neuronal und kognitiv gesehen, mit dem nichtbewussten Proto-Selbst und dem emergenten und bewussten Kernselbst jedes gelebten Augenblicks architektonisch verbunden ist."[59]

Abschließend nehmen wir Damasios Position zur Homunculus-Theorie auf:

„Das Scheitern eines Erkennenden im Stil des Homunculus bedeutet jedoch nicht, dass wir nun zusammen mit dem Homunculus auch den Begriff des Selbst aufgeben müssten. Ob uns der Begriff gefällt oder nicht, so etwas wie den Selbst-Sinn gibt es in jedem normalen menschlichen Geist, der sich anschickt, Dinge zu erkennen. Ob es uns gefällt oder nicht, der menschliche Geist ist ständig gespalten, aufgeteilt zwischen dem Teil, der für das Erkannte, und dem Teil, der für den Erkennenden steht."[60]

Unsere Position

Damasios neurologische Basis des Selbst ist ontische Faktizität.

Damasio erkennt das Selbst aufgrund neuronaler Befunde als geistiges Substrat aus Hirnregionen und Hirnstrukturen. Identität und Personalität des autobiographischen Selbst entstehen aus Proto-Selbst und Kernselbst.[61]

Das „Selbst im Geist" versteht Damasio als „scheinbar veränderliches Selbst" und als „scheinbar dauerhaftes Selbst", „aber doch nicht (als) eine, sondern (als) zwei Gegebenheiten".

Unser Verständnis des Selbst entspricht Kierkegaards Verständnis: „Der Mensch ist Geist. Aber was ist Geist? Geist ist das Selbst.“[62] Daraus folgt, das Selbst ist als Geist e i n e ontische Faktizität. Diese eine Gegebenheit besteht zwar aus zwei Seinsweisen, ist aber dennoch eine Entität. Die beiden Seinsweisen sind Struktur und Prozess,

- Struktur als „dauerhaftes Selbst", als relationale Grundstruktur der ‚Anatomie des Selbst` aus psychosomatischer, dialogischer und Sinn-Dimension,
- Prozess als „veränderliches Selbst“ durch emotionale und mentale Lebensvorgänge der aktuellen Gegebenheiten der psychosomatischen und der dialogischen Dimension des „inneren Universums“ in Analogie zu Gestalt und biochemischen Lebensvorgängen des einen biophysischen Körpers.

ee) Positive Definitionen des Phänomens „Selbst“ von Wissenschaftlern diverser Disziplinen

Für eine Annäherung an ein konturiertes Bild des Selbst lassen wir einige namhafte Experten zum Ur-Phänomen „Selbst“ zu Wort kommen:

Psychoanalytiker Ernest Wolf:

„Wir können das Selbst als eine strukturierte Organisation solcher Erfahrungen definieren, die der Person einen Sinn von sich selbst verleihen. In anderen Worten ist das Selbst diejenige psychologische Struktur, die sich dadurch ausdrückt, dass sie uns ein gesundes Gefühl von uns selbst ermöglicht, ein Gefühl von Selbstachtung und Wohlbefinden."[63]

Psychoanalytiker Heinz Kohut:

„Letzten Endes gibt uns nur die Erfahrung eines stabil kohärenten Kern-Selbst die Überzeugung, dass wir fähig sein werden, das Gefühl unserer beständigen Identität aufrechtzuerhalten, wie sehr wir uns auch verändern mögen."[64]

Neurologe Antonio R. Damasio:

„Das Ergebnis (unserer Erfahrung, d. Verf.) ist das autobiographische Selbst, dessen wir uns bewusst sind."[65]

„Der Selbst-Sinn, der aus dem Kernbewusstsein erwächst, ist das Kernselbst, ein flüchtiges Phänomen, das für jedes Objekt, mit dem das Gehirn interagiert, neu erschaffen wird. Unser traditioneller Selbstbegriff ist jedoch mit der Identität verknüpft und entspricht einem dauerhaften Bestand von besonderen Fakten, Verhaltens- und Existenzweisen, die einen Menschen charakterisieren. Dieses Gebilde bezeichne ich als autobiographisches Selbst."[66]

„Ich bin zu dem Schluss gelangt, dass der Organismus als Repräsentation in seinem eigenen Gehirn wahrscheinlich ein biologischer Vorläufer dessen ist, was schließlich dieser schwer fassbare Selbst-Sinn wurde. Die frühesten Ursprünge des Selbst, einschließlich des höheren Selbst, das Identität und Personalität umfasst, sind in der Gesamtheit jener Hirnmechanismen zu finden, die fortwährend und unbewusst dafür sorgen, dass sich die Körperzustände in jenem schmalen Bereich relativer Stabilität bewegen, der zum Überleben erforderlich ist. Ständig repräsentieren diese Mechanismen – unbewusst – den Zustand des lebendigen Körpers in seinen vielen Dimensionen. Diesen Aktivitätszustand innerhalb der Gesamtheit der betreffenden Mechanismen bezeichne ich als Proto-Selbst, den unbewussten Vorläufer jener Stufen des Selbst, die in unserem Geist als bewusste Protagonisten des Bewusstseins in Erscheinung treten: Kernselbst und autobiographisches Selbst."[67]

„Wenn ‚Selbst-Bewusstsein' verstanden wird als ‚Bewusstsein mit einem Selbst-Sinn', wird von dem Begriff notwendigerweise jede Form menschlichen Bewusstseins erfasst – denn soweit ich erkennen kann, gibt es keine andere Art von Bewusstsein."[68]

„Das Selbst, von dem diese weite Landschaft (des erweiterten Bewusstseins) überblickt wird, ist ein robustes Konzept …". [69]

Pädagogen T. Ziehe, H. Stubenrauch:
„Ein Selbst hat man nicht einfach, obwohl wir es uns immer nur so denken können."[70]

Erziehungswissenschaftler Werner Helsper:
„Das Selbst ist eine ... psychische Organisation und Strukturierung von Empfindungen, die erst im Verlauf des zweiten und dritten Lebensjahres in ersten zusammenhängenden und ‚ganzen' Bildern der eigenen Person entsteht, wobei die Vorstellung der Ganzheit und Einheit schon als imaginäre Fiktion gefasst wurde."[71]

Existenzphilosoph Sören Kierkegaard:
Abschließend nehmen wir die Definition Sören Kierkegaards auf, der das Phänomen „Selbst" als ontische Faktizität beschreibt: „Das Selbst ist ein Verhältnis, das sich zu sich selbst verhält ... Das Verhältnis ist nicht das Selbst, sondern dass das Verhältnis sich zu sich selbst verhält. ..."[72]
Kierkegaards Definition entspricht dem Verständnis des Psychiaters und Psychoanalytikers O.F. Kernberg: „Das Selbst ist eine intrapsychische Struktur (vgl. Anatomie des Selbst), die sich aus mannigfachen Selbstrepräsentanzen (vgl. psychosomatische, dialogische und Sinndimension) mitsamt den damit verbundenen Affektdispositionen (vgl. psychosomatische Dimension), konstituiert. Selbstrepräsentanzen sind affekt-kognitive Strukturen."[73]

Diese Beschreibungen namhafter Wissenschaftler ließen sich durch weitere fortführen.

Wir folgen Heinz Kohuts Überzeugung: Wir „(kennen) die Essenz des Selbst, wie sie sich von seinen Manifestationen unterscheidet, nicht.“[74]

Fazit

Die empirischen Befunde der Selbstkonzept-Forschung weisen auf das anthropologische Ur-Phänomen „Selbst“ hin:

Der Geist des Homo sapiens besteht in seiner essentiellen Struktur aus einem selbst-referentiellen Verhältnis, als dessen ontisches Attribut die Re-Repräsentation identifizierbar ist. [75]

Diese empirisch fundierte Erkenntnis bestätigt das Ergebnis von Kierkegaards Existenzanalyse des Geisteszustandes „Verzweiflung“:

Das Selbst ist ein „Verhältnis, das sich zu sich selbst verhält“.[76]

Trotz Re-Repräsentation und Self-Related-Processing, trotz Erkenntnissen der Neurowissenschaft und jenseits Ergebnissen der Experimente mit humanoiden Robotern ist „das Selbst ... wie alle Realität ... nicht erkennbar. Wir können mit Introspektion und Empathie nicht das Selbst per se erreichen; nur seine introspektiv oder emphatisch wahrgenommenen psychologischen Manifestationen stehen uns offen."[77]

Das ontische Selbst des Homo sapiens ist ein inkorporiertes ontisches Ur-Phänomen mit intersubjektiver Gültigkeit, gleichsam ein anthropologisches Axiom. Es ist vom Evolutionsgeist der Mutter Natur im Laufe jahrtausender Homogenese geschaffen, nicht menschengemacht.

Folglich ist es auch nicht durch Erkenntnisse kognitiver Neurowissenschaft zerstörbar. Der vom Bewusstseinsphilosophen Thomas Metzinger prognostizierte Prozess einer Zertrümmerung des „Mythos Selbst"[78] findet trotz „naturalistischer Wende im Menschenbild"[79] nicht statt. Denn die Fähigkeiten der Re-Repräsentation und des Self-Related-Processing, mit denen Mutter Natur den Menschen zum Homo sapiens evolutioniert hat, sind essentiell wie Einatmen und Ausatmen. Diese Fähigkeiten sind die Qualitäten des menschlichen Geistes, die die Weisheit der Sprache veranlasst haben, den Begriff „Selbst" zu kreieren, damit dem Menschen das phänomenale virtuelle Erleben seiner Innenwelt reflektorisch verfügbar ist. Könnten diese Geistqualitäten von menschlichen Erkenntnissen „zertrümmert" werden, wären sie „menschengemacht". Kierkegaard stellt fest: „Um das Verhältnis zu sich selbst kann ein Mensch nicht kommen."[80]

III. PARADIGMENWECHSEL VOM OBJEKT DER MENSCHWERDUNG ZUR SELBST-GENESE DES HOMO SAPIENS

1) Von der Objektbeziehungstheorie zur Selbst-Psychologie

Das Konzept der Selbstpsychologie gründet im subjektiven Sich-selbst-Erleben, d. h. in dem Phänomen, sich selbst als ein Selbst zu erleben. So wie die körperlichen Strukturen (z. B. das Blut-Kreislaufsystem) meist erst bewusst werden, wenn eine Störung (etwa eine Schnittwunde oder Herzrasen) eintritt, so zeigen sich die Strukturen des Selbst besonders bei Gefühlen der Angst, Sorge, Leere, Verzweiflung. Der strukturelle Zusammenhalt ist gestört, das Selbst droht zu fragmentieren, dagegen ist Wohlbefinden ein Ausdruck von Kohäsion und Ganzheit des Selbst.

Das Menschenbild der Psychologie des Selbst basiert auf einem Verständnis des Menschen als Subjekt und nicht als Apparat des Freud'schen Modells, in dem die Psyche als „Maschine" agiert.

Die „Psychologie des Psychischen Apparates" erklärt „die psychologischen Aktivitäten des Menschen ... analog zu den Prozessen in der äußeren Welt ... mit Hilfe der Gesetze der klassischen Physik."[81] Diesen „absoluten psychischen Determinismus" erlebte Heinz Kohut im Laufe seiner jahrelangen therapeutischen Arbeit als emotionalen Mangel und als therapeutische Unzulänglichkeit.[82]

Aus diesem Mangel des ihm „zur Verfügung stehenden theoretischen Rahmens“ entstand die „Psychologie des Selbst“.

Kohut konnte „die psychologischen Aktivitäten, die als Wahl, Entscheidung und freier Wille bezeichnet werden“, ... „nicht unterbringen“ - „obwohl ich wusste, dass sie empirisch beobachtbare Phänomene waren“, schreibt er.

Es gibt aber Phänomene, „deren Erklärung das Postulat einer psychischen Konfiguration erfordert – das Selbst – die, was immer auch die Geschichte ihrer Bildung sein mag, zu einem Antriebssystem geworden ist: Eine Einheit, die versucht, ihrem eigenen Weg zu folgen.“[83]

In dieser persönlichen Erfahrung liegt die personale Legitimation der „Psychologie des Selbst“, die durch Kohuts therapeutische Praxis und durch die seiner Schüler*Innen bestätigt wurde.[84] Eine weitere Legitimation erkennt Kohut in „der Morgenröte einer neuen Zivilisation“, die eine „allmähliche Zunahme von Störungen des Selbst“ verursacht.[85]

Durch diese Situation beginnt die Psychoanalyse, „der Untersuchung der Wechselfälle des Selbst größere Aufmerksamkeit zu schenken“, indem sie bisherige Theorien ergänzt „durch theoretische Begriffsbildungen über Selbst-Fragmentierung, das Kern-Selbst, die Bestandteile des Selbst, ... , die dazu dienen, die überwiegende Pathologie unserer Zeit zu erklären".[86] „Um das Überleben in der neuen Umgebung zu sichern, müssen gewisse psychologische Funktionen des Menschen ... eine herrschende Stellung in der psychischen Organisation ... erringen. ... Die Fähigkeit oder Unfähigkeit des Menschen, neue Anpassungsstrukturen zu schaffen, ... wird ... über sein psychologisches Überleben oder über seinen Tod" entscheiden.[87]

Aus diesen Fakten geht hervor, dass anthropologische und soziologische Veränderungen zur Etablierung der „Psychologie des Selbst" beigetragen haben.

Schüler Kohuts und Vertreter der „Psychologie des Selbst" haben der Selbst-Psychologie als Ergänzung der hundertjährigen Psychoanalyse-Theorie Freud'scher Prägung wissenschaftstheoretisch den Status eines Paradigmas zuerkannt,[88] ganz im Sinne der seit der Jahrtausendwende laufenden Kritik und Weiterentwicklung der klassischen Psychoanalyse, die einen psychoanalytischen Begriff des Selbst für die therapeutischen Erfordernisse des in der digitalisierten Gesellschaft überforderten Menschen erfordert.[89]

Zur Definition des Selbst erklärt Kohut: „Das Selbst (ist) kein Konzept einer abstrakten Wissenschaft, sondern eine von empirischen Daten abgeleitete Verallgemeinerung. ...

Wir können die verschieden kohärenten Formen beschreiben, in denen das Selbst erscheint, ... aber dennoch kennen wir die Essenz des Selbst, wie sie sich von seinen Manifestationen unterscheidet, nicht."[90]

2) Von der Fremdsozialisation zur Selbst-Sozialisation

Vor zwanzig Jahren verdichtete Jürgen Zinnecker, Vertreter der Neuen Soziologie, Erkenntnisse der Kindheits- und Jugendforschung in einem Essay über „Selbstsozialisation" zu einem aktuellen Konzept[91], das Niklas Luhmann 1981 ins soziologische Forschungsfeld eingeführt[92] und das Klaus Hurrelmann 1995 weitergeführt hat.[93] In diesem Konzept wird Selbstsozialisation als Dreischritt dargestellt. Kinder sozialisieren sich selbst, indem sie erstens den Dingen und sich selbst eine eigene Bedeutung zuschreiben, indem sie zweitens eine eigene Handlungslogik für sich entwerfen und indem sie drittens Ziele für ihr Handeln formulieren.[94] Seitdem spielt in der Forschungspraxis „Selbstsozialisation in der Peer-Gesellschaft ... eine wachsende Rolle". „Forschungsdesigns (sind) zunehmend vom Paradigma der Peersozialisation beherrscht."[95]

Untersuchungen belegen, „dass die entscheidenden Impulse zur Sozialisation heute von Peers und nicht mehr von den Sozialisationsinstanzen der älteren Generation herrühren".[96] Ergebnisse der Untersuchungen weisen die gruppenbezogene Selbstsozialisation als einen Tatbestand aus. Das bedeutet, Kinder und Jugendliche sozialisieren sich selbst, „ohne Beihilfe der älteren Generation".[97]

Die Sozialisationsforschung erkennt in diesem Zusammenhang „das Selbst bzw. das Individuum als dritte, die Entwicklung steuernde Faktorengruppe ..., die durchaus gleichberechtigt neben den beiden anderen (Anlage und Umwelt) stehen kann".[98]

1991 wurde *Selbstentwicklung* als substanzieller Selbstbegriff „neu in das Handbuch für Sozialisationsforschung aufgenommen und bezeichnet die Genese eines zentralen „Handlungszentrums" (agency) im Subjekt",[99] also das „Selbst als aktiven Persönlichkeitskern".[100]

Das bedeutet: „Kinder sind ... als Subjekte (zu sehen), die sich ihre Wirklichkeit konstruieren und dabei Deutungen und Bedeutungen erzeugen, die nicht notwendig mit denen der Erwachsenen übereinstimmen."[101]

Niklas Luhmann postulierte die „kategoriale Unabhängigkeit der Person als selbstreferentielles System", das „seine eigene Reproduktion aufgrund eines geschlossenes Netzwerkes rekursiver Operationen" betreibt.[102] Diese Entwicklung ist Ausdruck des epochalen Wandels vom „Status der bürgerlichen Unmündigkeit ... des Verständnisses von Kindheit" zum „gleichrangigen Aktormodell" des Sozialisationsprozesses im Rahmen der politischen Kinderrechtsbewegung.[103] In diesem Rahmen werden Heranwachsende als sich selbst entwickelnde „autonom handlungsfähige Subjekte" und nicht als „bewusstseinslose Rollenträger" eingeschätzt.[104] Dabei ist es selbstredend, dass „subjektive Handlungsautonomie ... als durchweg prekäres, von Reifekrisen und kumulativen Lernprozessen begleitetes Ergebnis der Persönlichkeitsentwicklung anzusehen"(ist).[105]

Aus diesem Tatbestand leitet Jürgen Zinnecker folgende Forderung ab: „Die Bildungsdebatte (sollte) in Deutschland eine andere Richtung nehmen": von der Fremderziehung eines „objektivistischen Bildungsverständnisses" zur „bewussten und planmäßigen Selbsterziehung und Selbstbildung".[106]

D Der evolutionäre Aspekt

I. Prämisse

„Der Mensch ist noch nicht fertig“, stellt der ZEIT-Journalist Niels Boeing nach seiner Beurteilung der Menschheitssituation im neuen Jahrtausend fest. „Der wichtigste evolutionäre Sprung der Zukunft dürfte ein kultureller sein.“[1]

Wir folgen Boeings Einschätzung.

Aus dieser Perspektive stellen wir in den folgenden Ausführungen die Bedeutung der *Pädagogik der Selbst-Genese* in Verbindung mit den Herausforderungen des Evolutionsprozesses unserer Tage dar.

Prämisse unserer Ausführungen über Selbst-Genese ist das Menschenbild der existenzanalytischen Anthropologie Viktor Frankls. Maßgebliches Attribut dieses Menschenbildes ist der „Intervall-Raum“ des Menschen als „natürliche Conditio humana“ zur Selbstregulation.

Unter dieser Prämisse und unter dem Aspekt einer anthropologisch orientierten Teleologie der Evolution sind unsere Einschätzungen der aktuellen Bildungssituation und aktueller Entwicklungstendenzen in Wissenschaft, Technik und Gesellschaft zu verstehen, mit dem Vorbehalt subjektiv konstruktivistischer Perspektive.

II. ZUR AUSGANGSLAGE

1) Vom mentalen zum integralen Bewusstseinszeitalter

Die Menschheit befindet sich im Übergang vom mentalen zum integralen Bewusstseinszeitalter,[2] der vom evolutionären Umbruch markiert ist.

Der Bewusstseinsforscher Jean Gebser spricht vom „Durchbruch einer neuen, integralen Bewusstseinsstufe". Gebser „erkannte eine Krise in der Zivilisation, und in den Jahrzehnten, die ihm folgten, hat sich diese Krise ... noch verschärft."[3]

Die Krisis hat gegenwärtig das Ausmaß von Sein oder Nicht-Sein der menschlichen Spezies erreicht. Forscher wie z. B. Paul R. Ehrlich von der Universität Stanford[4] und die Australier David Spratt und Ian T. Dunlop prognostizieren den Untergang der Menschheit, denn sie ist „unwillig zu lernen."[5]

2) Lernunwilligkeit der Menschheit

Die Lernunwilligkeit der Menschheit hat der Club of Rome schon vor vierzig Jahren nach globaler Untersuchung von 135 Experten aus relevanten Wissenschaftsdisziplinen der Zukunftsforschung in seinem Lernbericht festgestellt, als die Menschheit in der kritischen Phase des kalten Krieges vom Atomkrieg bedroht war: die Menschheit lerne nur durch Schock! Allerdings könnte der nächste Schock „tödliche Folgen haben".[6]

Die Lernkrise wird durch „die Unzulänglichkeit des tradierten Lernens ... bei der Lösung der globalen Problematik" bewirkt.[7]

Den Schlüssel zur Lösung der globalen Problematik findet der Club of Rome in innovativen Lernverfahren, die „den Menschen in den Mittelpunkt stellen!"[8], denn

- „der menschliche Faktor ist zentraler und entscheidender als das zu lösende Problem;"[9]
- „die Garantien für die Zukunft des Menschen (sind) einzig in uns selbst zu suchen."[10]

3) Bildungsanalyse

ABER, auch vierzig Jahre nach der Erkenntnis des Club of Rome ist der Mensch noch immer „Objekt" der Herrschafts- und Machtinteressen und nicht autonomes „Subjekt" als Parameter handlungsleitenden Interesses.

Diese Einschätzung gilt auch für den Bildungssektor. Unsere Analyse des Bildungssektors ergibt:

- Noch immer stehen die von Bildungsministerien verordneten **Fachanforderungen** im Mittelpunkt.
- Noch immer steht Sachlernen im Zentrum des Unterrichts.

- Noch immer wird der junge Mensch als „Objekt" der Lehre behandelt und nicht als autonomes „Subjekt" seines eigenen Bildungsprozesses.

Das intrinsische Eigeninteresse der **Lernmotivation** wird nicht favorisiert, sondern Motor des Lernprozesses ist der Anreiz des Zensurensystems, der extrinsisch mit dem Konkurrenzprinzip stimuliert wird, als befände sich der junge Mensch in einer Skinner-Box[11] oder wäre ein zu programmierender geistloser „Reflexautomat". [12]

Den **Lernerfolg** stellt nicht der junge Mensch mit dem Maßstab von Lernrastern über Selbsteinschätzung fest, sondern die Institution Schule mit dem vermeintlich objektiven Zensuren-Maßstab.

Als **Bildungsqualität** gilt nicht der Grad „bewusster Individuation" mit entwickelter sozialer Verantwortlichkeit, die den Menschen als Homo sapiens auszeichnet,[13] sondern die Anpassung an die vom Institut zur Qualitätsentwicklung im Bildungswesen (IQB) an der Humboldt-Universität Berlin mit Bildungsstandards gesetzte Sachkompetenz der Schulfächer.

Bildungsziel ist nicht das Ziel der UNESCO „learning to be", sondern Funktionalität als Human-Modul im Gesellschafts- und Wirtschaftssystem.

Ergebnis solcher mindestens zehnjährigen Konditionierung während der Wachstumsphase des Gehirns ist ein zum fragmentierten „Derivat-Selbst"[14] geschrumpfter Person-Kern des jungen Menschen.

Die Folge: Junge Menschen haben trotz Abitur keine Sinn-Orientierung für ihren weiteren Lebensweg. Das Info-Portal ‚Orientierungszeiten' der Jugendcoachin Dr. Imke-Marie Badur hilft, mit „Angeboten für junge Menschen auf der Suche nach ihrem Weg"[15], den Person-Kern nachzuentwickeln.

Fazit der Bildungs-Analyse

Der junge Mensch steht noch nicht als „Subjekt" im Mittelpunkt des Bildungsinteresses, wie es der Club of Rome vor vierzig Jahren für alle Lebensbereiche angemahnt hatte, sondern ist noch immer „Objekt" funktionalistischer Motive der älteren Generation.

Das **Bildungsinteresse** der Bildungsminister*Innen ist nicht die **Selbst-Werdung** des jungen Menschen als „zentraler und entscheidender menschlicher Faktor der zu lösenden Probleme der Menschheits-Krise". Das Bildungsinteresse ist auf den Bildungs-Mehrwert fokussiert, den Algorithmen mit Ergebniskennzahlen kurz getakteter Testverfahren auf der Messlatte der Bildungsstandards für Sachkompetenz klassifizieren.[1*]

1.*Bei dieser kritischen Einschätzung der gegenwärtig verordneten Bildungsqualität, soll nicht vergessen werden, dass die Weitergabe des Erkenntnis- und Wissensstandes der Menschheit bis zum Ende des 20. Jahrhunderts durch Verordnung von Lehrplänen den hohen Entwicklungsstand der Menschheit ermöglicht hat.*

Gegenüber der prekären Situation, in der sich die Menschheit befindet, und unter dem Aspekt der anthropologischen Prämisse der Selbst-Genese ist das gegenwärtig noch herrschende Bildungsbewusstsein als „tumb“ zu beurteilen. „Einem intelligenten Wesen von einem anderen Stern müssen wir absurd erscheinen“, stellt der Club of Rome fest.[16]

Das Ergebnis dieser Bildungsanalyse ist nicht auf Deutschland begrenzt.

Der US-amerikanische Bildungsphilosoph Zachary Stein führt im Interview über sein Buch *Education in a Time between Worlds* aus, wie die reduktionistische „Bildungskonfiguration“ nicht den Erfordernissen des integralen Bewusstseinszeitalters entspricht, weil der Mensch als Homo sapiens mehr ist, als ein im „reduktiven Sinne auf die Humankapitaltheorie“ bezogen funktionierendes Modul. „Wenn wir die Schulbildung auf eine Frage der Arbeitsvorbereitung reduzieren, vergeuden wir die wahre Kraft dessen, was Bildung für die Gesellschaft leisten kann.“

Die Notwendigkeit des Umlernens ergibt sich nicht nur aus materiellen Bedrohungen, wie Klimawandel, Erschöpfung der Ressourcen, Überbevölkerung, sondern fundamental durch geistige Herausforderungen des Menschen als Homo sapiens, wie z. B.

- durch die Identitätskrise in der Begegnung mit humanoiden Robotern, [17]
- durch die Option zur „Veränderung des Embryonen-Genoms mittels Keimbahntherapie“[18],
- durch Kreierung des „superhuman“ mittels Download des Geistes in Maschinen, wie Vertreter des Transhumanismus planen, [19]
- durch die Corona-Krise mit dem Zwang zur Selbst-Konfrontation.

Die geistigen Herausforderungen sind unter dem Aspekt der Menschenwürde nur zu bewältigen, wenn das volle Potential des Person-Kerns, des ontischen Selbst, zur Autonomie-Kompetenz entwickelt wird, indem der Mensch fähig wird, seinen virtuellen Intervall-Raum zur Selbstregulation zu entwickeln und in aktueller Entscheidungssituation seinen Sinnfaktor in geistiger Unabhängigkeit frei zu wählen.

4) Exkurs zur Willensfreiheit

An dieser Stelle steht die Frage im Raum: Gibt es Willensfreiheit?

Zu diesem Thema nehmen wir einen begrenzten Exkurs auf:

In Deutschland wurde besonders Anfang dieses Jahrhunderts im Zusammenhang mit den Experimenten der Hirnforscher Benjamin Libet und John-

Dylan Haynes eine öffentliche Debatte über das Problem der Willensfreiheit geführt, die besonders durch „Das Manifest. Was wissen und können Hirnforscher heute?“ ausgelöst wurde.[20] Neurowissenschaftler prognostizierten ein neues Menschenbild. Sie waren überzeugt, „dass alle geistig-seelischen Phänomene widerspruchsfrei aus biologischen Prozessen erklärbar seien.“[21]

In diesem Menschenbild kommt Willensfreiheit nicht vor! Das Gehirn steuert den Menschen angeblich gemäß seiner „Verschaltung“.

Zehn Jahre später, 2014, erschien in der Zeitschrift „Psychologie Heute“ eine Art Gegenmanifest unter dem Titel „Memorandum reflexive Neurowissenschaft“.[22]

Einer der Unterzeichner, der Psychiater Thomas Fuchs formuliert eine klare Gegenposition: "Das Gehirn allein denkt gar nicht." Es ist "immer die ganze Person, die etwas wahrnimmt, überlegt, entscheidet, sich erinnert und so weiter, und nicht ein Neuron oder ein Cluster von Molekülen".[23]

Unsere Position entspricht dieser Gegenposition, denn in seinem Bewusstsein erlebt ein Mensch seine Entscheidung zwischen Ja oder Nein als frei, auch dann noch, wenn er sie in innerer Emigration trifft. Für ihn ist durch selbstreflexive Introspektion in seinem virtuellen, inneren Wahrnehmungsraum evident, dass er es selber ist, der entscheidet.

Der virtuelle „Intervallraum" zwischen Stimulus und Respons bietet jedem Menschen die Option in seinem Bewusstseinsraum seine individuelle Entscheidungsfreiheit beim „Frontalhirntraining" seiner Selbstkontrolle zu erfahren. [24]

Das Phänomen der Willensfreiheit zeichnet den Menschen als Homo sapiens essentiell qualitativer aus als sein aufrechter Gang.

Dieses Phänomen ist eine essentielle, anthropologische Konstituente, wie Einatmen und Ausatmen. Diesem Phänomen kann sich kein Mensch entziehen, ob er es will oder nicht, sein Leben lang nicht.

Soweit der Exkurs.

III. Die evolutionär-anthropologische Perspektive

1) Selbsttranszendenz der „Kinder des Neuen Jahrtausends"

Die geistigen Herausforderungen der neuen, der integralen Evolutionsphase der Menschheit werden vom Evolutionsgeist der Mutter Natur seit Ende des 20. Jahrhunderts mit den „Kindern des Neuen Jahrtausends"[25] flankiert, die über eine höhere geistige Ausstattung verfügen. Merkmale dieser Ausstattung sind z. B.:

- ein erwachtes Bewusstsein vom eigenen Selbst,
- gesteigerte intellektuelle und intuitive Fähigkeiten,
- telepathische, paranormale Fähigkeiten.

Quelle dieses Phänomens ist nach unserem Verständnis die „dem Stoff des Universums (eingebaute) Selbsttranszendenz", die „die Wissenschaft bestätigt".[26] „Der Drang zur Selbsttranszendenz" manifestiert sich im Muster der Evolution „von der Materie über das Leben zum Geist"[27].

In der Materie zeigt sich der Drang zur Selbsttranszendenz in der seit 1980 rasanten Abnahme des Erdmagnetfeldes[28]. Die Abnahme des Erdmagnetfeldes bewirkt eine „signifikante Steigerung der intellektuellen Fähigkeiten, höhere Inspirationen (kreative Fähigkeiten), sowie Steigerung der telepathischen Fähigkeiten. Diese Eigenschaften sind in der Genexpression der Genmarker B1 und D4 nachweisbar."[29]

Diese Erklärung wird durch folgende Forschungsergebnisse gestützt:

„LMU-Forscher haben erstmals die Verteilung magnetischer Kristalle im gesamten menschlichen Gehirn untersucht. Die Studie zeigt, dass sie asymmetrisch verteilt und vor allem im Kleinhirn und Hirnstamm zu finden sind."[30]

Eine weitere Erklärung mag eine Evolutionsmutation durch Allelen sein, ähnlich wie z. B. bei Früh-Bauern, die im Übergang von der halbnomadischen Jäger- und Sammlerkultur der Mittelsteinzeit zu einer sesshaften Bauern- und Viehhalterkultur teilweise andere Gene aufwiesen.[31]

„Welche Erklärungen wir auch immer für diese außergewöhnlichen Transformationen heranziehen wollen, es ist eine unbestreitbare Tatsache, dass sie auftreten. Theoretiker wie zum Beispiel Erich Jantsch bezeichnen Evolution als ‚Selbstverwirklichung durch Selbsttranszendenz'."... „Derzeit hat man sich darauf geeinigt, ... von einer ‚Quantenevolution' ... oder ‚emergenten Evolution` zu sprechen."[32]

Die beschriebenen Geistesdispositionen der „neuen Kinder" deuten auf die ihnen vom Evolutionsgeist überantwortete Mission hin, unter ihrem erweiterten Sinnhorizont die Menschheit durch ihr „Dilemma"(Club of Rome) hindurchzuführen.

Das kann gelingen, sofern das Potential ihrer höheren geistigen Ausstattung handlungsorientiert entwickelt wird, indem die ältere Generation in der Rolle der Bildungsminster*Innen, die die Bildungsinstitutionen steuern, Bedingungen für Selbst-Genese schafft. Das bedeutet, Bildung als Selbst-Genese zu institutionalisieren und zu organisieren, damit der junge Mensch angeleitet wird, den in ihm vom Evolutionsgeist angelegten Sinnfaktor seines Lebens in geistiger Unabhängigkeit frei zu wählen und seine Mission selbstwillig zu erfüllen. Das ist die dringendste aktuelle, die bedeutendste Aufgabe der Bildungsminster*Innen, die ihnen vom evolutionären Zeitgeist übertragen ist.

Die Entwicklung der geistigen Ausstattung der neuen Kinder zu solcher Handlungs-Kompetenz basiert auf der „natürlichen Conditio humana" aus Hirnarealen und -systemen[33], in denen die Human-Kompetenz des Intervall-Raums gebildet wird.

2) Entwicklung der Human-Kompetenz

Die humane Geistqualität des Intervall-Raums als „Conditio humana" im Prozess seiner Selbst-Genese durch Selbstregulation zu entwickeln, ist die eigentliche Herausforderung des Homo sapiens im Zeitalter der Digitalisierung, der Roboterisierung, der Genmanipulation und des Corona-Schocks.

Diese Herausforderung zu bewältigen, ist die Menschheitsaufgabe unter dem Aspekt einer kulturell, anthropologisch orientierten Teleologie der Evolution im integralen Bewusstseinszeitalter.[34] Mit der „Conditio humana“ des Intervall-Raums als seinem Humanzentrum verfügt der Homo sapiens über die Option, die Human-Kompetenz der Selbstregulation zur Bewältigung der bedrohlichen Tendenzen zu entwickeln und einzusetzen.

Die Entwicklung der Human-Kompetenz der Selbstregulation kann im Bildungsprozess der Selbst-Genese-Pädagogik gelingen. Für einen solchen Bildungsprozess ist die vorliegende Schrift einer *Pädagogik der Selbst-Genese* mit der Fundamental-Konzeption geeignet, in der das ontische Selbst das Fundament darstellt und ein Lebens begleitender Entwicklungsprozess das Ziel ist.

„Die Mechanismen, die erforderlich sind, um diese anspruchsvollen Aufgaben zu leisten, sind ... Dispositionen, die ... durch Lernen modifiziert und ... durch Erfahrung erworben werden können. Die Kontrolle der Emotionen ... gehört zu diesem Bestand an Dispositionen“[35] wie auch die Option, „zwischen vielen verfügbaren Reaktionen auszuwählen“ und „das Vermögen, Reaktionen neu zu kombinieren“.[36]

Die neurologische Basis zur Veränderung sind „Neuronen (die sich) durch Lernen (verändern)“: „Erfahrung kann Neuronen dazu veranlassen, sich anders zu verhalten, indem sich beispielsweise die Art verändert, wie sie miteinander verbunden sind.“[37]

3) Die Botschaft einer *Pädagogik der Selbst-Genese*

„Diese Überlegungen lassen uns zu dem Schluss gelangen, dass die Lösungen zur Überwindung des menschlichen Dilemmas und die Garantien für die Zukunft des Menschen einzig in uns selbst zu suchen sind.“[38]

„Der Durchschnittsmensch ist von Natur aus, selbst wenn er arm und unbedeutend ist, mit der Gabe des Denkens und folglich mit einer Lernfähigkeit ausgestattet, die stimuliert und weit über die heute noch relativ bescheidenen Grenzen hinaus entwickelt werden kann.“[39]

Die Botschaft einer *Pädagogik der Selbst-Genese* für das 21. Jahrhundert lautet:

Die Human-Kompetenz des Intervall-Raums zur Selbstregulation zu entwickeln, indem der junge Mensch angeleitet wird, im Intervall-Raum

- innezuhalten,
- affektive und kognitive Impulse wahrzunehmen,
- mit dem Komparator „Sinnfaktor“ auf ihre Qualität zu prüfen und zu werten

- in Verantwortung
  - ° vor sich selbst,
  - ° vor seinen Mitmenschen und
  - ° vor Mutter Natur

  autonom zu regulieren.

Die Entwicklung solcher Intervall-Raum-Kompetenz ist die evolutionslogische Antwort auf die geistigen Herausforderungen, mit denen die Menschheit im neuen Jahrtausend konfrontiert ist.

Die Begründung liegt in der anthropologisch orientierten Teleologie der Evolution, die auf der ontischen Ur-Konstitution des Homo sapiens mit angeborenem menschlichen „Drang zur Individuation“[40] durch Autonomiestreben in Freiheit basiert, mit der Tendenz zur Selbstbestimmung, zur Bestimmung seines Selbst, durch Entwicklung seines Humanzentrums, des virtuellen Intervall-Raums auf der neurologischen Basis der „Conditio humana“.

4) Fazit

Die Etablierung der Selbst-Genese-Pädagogik als Basis des Bildungsprozesses ist eine evolutionslogische Konsequenz.

Ein differenziertes Verständnis des Phänomens „Selbst“, das „Ich“ und „Selbst“ als qualitativ unterschiedliche Faktoren des „ontischen Selbst“ unterscheidet, erkennt die sog. „Zertrümmerung” des Selbst als „Auflösung“ des EGO. Die „Entzauberung des Selbst“[41] verstehen wir als Entmythologisierung des Selbst, indem der Homo sapiens des integralen Bewusstseinszeitalters vom Evolutionsgeist zum höchsten Autonomie-Grad herausgefordert ist, der ihn in seinem Bewusstsein zum Selbstgestalter seines Selbstgefäßes erwachen lässt, der den Sinnfaktor seiner Lebensentscheidungen im Rahmen seiner ontischen Geiststruktur selbst bestimmt. Mit dieser Option ist der Homo sapiens im Bewusstsein seines Selbst-Verständnisses schonungslos mit sich selbst konfrontiert. Denn aus höchster Autonomie resultiert höchste Verantwortung im Intervall-Raum bei jeder Entscheidung vor sich selbst, vor seinen Mitmenschen und vor Mutter Natur.

Erwachen zum höchsten Autonomiegrad bedeutet, sich seiner eigenen Wirkmächtigkeit als Co-Kreator des eigenen „Inneren Universums“ bewusst zu sein und für dessen Inhalt und prozesshafte Gestaltung volle Verantwortung zu übernehmen.

Erstmals im Laufe der Menschheitsgeschichte erkennt Homo sapiens, wie der schlichten Option sich selbst für Ja oder Nein entscheiden zu dürfen, die höchste Verantwortlichkeit inhärent ist,

- für die Gestaltung seines „inneren Kosmos“, seines Selbst, und

- für die Gestaltung seines „äußeren Universums“, seiner Lebensgrundlage „Erde“.

Die erste Instanz, vor der er seine Entscheidungen zu verantworten hat, ist er selbst mit der Option, seinen eigenen Sinnfaktor zu wählen.

Jahrtausende lang glaubte der Mensch, seine Entscheidungen vor einem Gott als seine Gewissensinstanz verantworten zu müssen. Diese Zeit ist endgültig vorbei. Nachdem er mit der „geistigen Aufklärung“ den ersten Schritt zur Befreiung von Autoritäten gegangen ist, erkennt Homo sapiens in der Gestalt des ontischen Selbst seine höchste Autonomie. Die Gewissensinstanz, der er nicht entfliehen kann und der gegenüber er sein Leben lang die Wahl seines Sinnfaktors, die Wahl seiner Lebenswerte und die Entscheidung seiner Handlungen verantwortet, ist allein er selbst. Er ist frei, ein rücksichtsloser Egomane zu werden, der „über Leichen geht“, oder ein Mitmensch, der wie der „barmherzige Samariter“ handelt.

Die autonome Verantwortlichkeit des postmodernen Menschen ist allerdings erst durch ein Bewusstsein seiner unabänderlichen Verbundenheit mit seinen Mitmenschen und mit Mutter Natur gerechtfertigt.

Mit dem konstitutionellen Potenzial des Selbst zur „Re-Repräsentation“[42] und zum Self-Related Processing hat der Evolutionsgeist der Mutter Natur den Menschen zum Homo sapiens entwickelt.[43]

IV. DIE META-PERSPEKTIVE IN FÜNF THESEN

Unter dem Aspekt der Metaperspektive ist erkennbar, wie der "Drang zur Selbsttranszendenz" Entwicklungen emergiert, deren Qualität darin besteht, „das Potenzial des Selbst zu erschließen“[44] und zu würdigen. Darauf weisen folgende Paradigmenwechsel hin:

- der Psychoanalytiker Heinz Kohut kreiert die „Selbstpsychologie“ als Weiterentwicklung des Freud'schen Ansatzes,[45]
- der Sozial-, Bildungs- und Gesundheitswissenschaftler Klaus Hurrelmann initiiert die „Selbstsozialisation“, [46]
- im ökonomischen Sektor wird durch „Ethic pays“ ein human-orientiertes Unternehmensverständnis entwickelt,[47]
- im Gesellschaftssektor entsteht durch „Soziokratie“ ein System selbstverantworteter Entscheidungsprozesse,[48]
- der Zukunftsforscher Mathias Horx bezeichnet seinen Ansatz als humanistischen Futurismus, indem er aus der Perspektive der Zukunft forscht im Gegensatz zur Perspektive von Gegenwartsverhältnissen in die Zukunft,[49]
- die Erkenntnis des Geistkörpers „ontisches Selbst“ führt zum differenzierten Gebrauch der Begriffe „Ego“ und „Selbst“ und leistet damit im Zeitalter

der Digitalisierung einen klärenden Beitrag zur Bewältigung der Identitätskrise, die in der Begegnung mit dem humanoiden Roboter entsteht,

- im Bildungssektor leitet die *Pädagogik der Selbst-Genese* einen Perspektivenwechsel ein: Schülerinnen/Schüler sind nicht mehr „Objekt" der Bildungsprogramme, sondern „Subjekt" ihres eigenen Curriculums. Der Akzent der Evolution hat sich von Themen materieller Natur auf „das richtige oder falsche Bild vom Menschen verlagert".[50]

Für die evolutionäre Bedeutung der Selbst-Genese-Pädagogik formulieren wir folgende Thesen:

These I

Der Geist des evolutionären Ursprungs ist auf das Telos Auto-Genese gerichtet.

Begründung:

Die entelechische, emergente Selbst-Entwicklungstendenz ist jedem Lebewesen inhärent.

These II

Unter anthropologischem Aspekt ist das Telos der Evolution als erwachendes Bewusstsein des Homo sapiens evident.

Begründung:

Die differenzierende Anthropogenese hat den Menschen im Laufe der Jahrtausende mittels Allelen des Mutationsprozesses zum Homo sapiens entwickelt. Essentielle Attribute der Hominisation sind Sprache, abstraktes Denken und Selbst-Re-Repräsentation.

These III

Im erwachten Bewusstsein erkennt der „integrale Mensch“[51] sich selbst als Geist-Schöpfer seines inneren, virtuellen, und äußeren, materiellen Kosmos, indem er die Wirkmächtigkeit seiner Gedanken erlebt.[52]

Begründung:

Erkenntnisse der Quantenphysik haben einen evolutionären Bewusstseinssprung bewirkt.

Dazu Zitate namhafter Wissenschaftler:

Max Planck, Begründer der Quantenphysik:

„Der Mensch beeinflusst durch seinen Geist, sein Bewusstsein und sein Glaubenssystem, die Realität in der er lebt.

Es gibt keine Materie, sondern nur ein Gewebe von Energien, dem durch intelligenten Geist Form gegeben wurde. Dieser Geist ist Urgrund aller Materie.“

„Materie an sich gibt es nicht. Es gibt nur den belebenden unsichtbaren unsterblichen Geist als Urgrund der Materie, den ich nicht scheue Gott zu nennen.“

Erwin Schrödinger, Mitbegründer der Quantenmechanik:

„Der Geist baut die reale Außenwelt der Naturphilosophie (wie auch die des Alltags) ausschließlich aus seinem eigenen, d.h. aus geistigem Stoff auf."

Hans-Peter Dürr, Direktor des Max-Planck-Instituts für Physik und Astrophysik:

„Materie und Energie treten erst sekundär in Erscheinung – gewissermaßen als geronnener, erstarrter Geist."

John von Neumann, Mitbegründer der Informatik:

„Bewusstsein erzeugt Realität!"

These IV

Der Mensch entwächst seinem „pubertären Bewusstseinsstand" als „Opfer seines Schicksals" und übernimmt als „Co-Kreator" durch Entwicklung seiner Human-Kompetenz der Selbstregulation im Intervall-Raum volle Verantwortung für die Erschaffung seines inneren, virtuellen, und äußeren, materiellen, Universums, in dem er existieren will.

Begründung:

Die evolutionslogische Resonanz der anthropogenetischen Konstitution des Homo sapiens als Co-Kreator ist durch die Wirkung seines mutierten, erwachten Bewusstseins evident.

These V

Mit der gegenwärtig globalen Corona-Krise hat der Evolutionsgeist der Mutter Natur der Menschheit mit einem „anthropologischen Schock" (Ulrich Beck) Isolierung durch Freiheitsentzug verordnet. Das Individuum ist auf sich selbst, auf das eigene Selbst, in seinen Ur-Zustand eines „Seins im Da geworfen"[53] und hat die Option, im Raum der Isolierung sich selbst einer Bewusstseins erhellenden Selbstkonfrontation auszusetzen und sein inneres Universum durch Wandlung seines Sinnfaktors für die Genese seines Selbst visionär neu zu ordnen und dadurch sein äußeres Universum im Geist integralen Bewusstseins neu zu gestalten.

Begründung:

Die Menschheit steht vor einem Abgrund, vor dem sie selbst über Sein oder Nicht-Sein entscheidet. Jeder Homo sapiens verfügt – wie wir nachgewiesen haben - über co-kreatives Potenzial, seine eigene Welt zu erschaffen.

Weißer Adler der Hopi-Indianer vermittelt der Menschheit diese Botschaft:

Sorge gut für dein Zuhause, für deinen Körper. Verbinde dich mit deinem geistigen Zuhause.

Erlaube dir, diese Zeit zu nutzen, um deine Rituale der Visionssuche durchzuführen. Welche Welt möchtest du für dich selbst erbauen?

Jeden Tag dem Heiligen begegnen. Dabei kommen gute Dinge heraus; am wichtigsten ist, was aus dir herauskommt, um mit neuer Vision die neue Welt zu bauen.[54]

Diese Botschaft ergänzen wir durch ein Statement des Bildungsphilosophen Zachary Stein: „Ich sage - mit Charles Taylor, Habermas und anderen -, dass wir in ein post-säkulares Zeitalter eintreten und dass die meisten Hauptprobleme, die uns als Spezies während der kurzfristigen Krise begegnen werden, einen religiösen Aspekt haben."[55]

Persönliche Schlussbemerkung

Wer ist die/der Eigentliche,

- die/der die Intuition zur „Konzeption einer *Pädagogik der Selbst-Genese*" gegeben hat?
- die/der die Geiststruktur des ontischen Selbst als konstitutives Ur-Phänomen des Homo sapiens geschaffen hat?

Der Ursprung bleibt ein Rätsel.

Die Verlegenheitsantwort lautet: der Evolutionsgeist der Mutter Natur.

Den Evolutionsgeist verstehen wir im Sinne Ken Wilbers: „‚GEIST' (in Großbuchstaben) war (und ist) natürlich der immer gegenwärtige Grund all dieser manifesten Wellen, in jeder gleichermaßen voll und gegenwärtig, aber der Geist ist auch eine allgemeine Stufe oder Welle der Evolution: Der Geist repräsentiert die transpersonale(n) Stufe(n), in denen der GEIST als der Urgrund ständig verwirklicht werden kann."

Wir schließen mit Albert Einstein:

> *„Falls Gott die Welt geschaffen hat, war seine Hauptsorge sicher nicht, sie so zu machen, dass wir sie verstehen können."*

> *„Es gibt nichts Schöneres als das Mysteriöse. Aus ihm entspringt alle wahre Kunst und Wissenschaft."*

Anmerkungen

Teil A

1) Metzinger, Thomas, (8. 9. 2011): „Das rätselhafte Ich“ Interview mit ZEIT ONLINE
2) Heidegger, Martin (2006): Sein und Zeit. Tübingen, Max Niemeyer
3) Stein, Zachary (2019): Education in a Time between worlds. Essays on the Future of Schools, Technology, and Society. Verlag Integral Publishing House
4) Stein, Zachary, a. a. O.
5) Horx, Matthias (2019): 15 1/2 Regeln für die Zukunft. Anleitung zum visionären Leben, Düsseldorf. Berlin, Econ

Teil B

1) Kierkegaard, Sören, Die Krankheit zum Tode (1956): In: KIERKEGAARD: Frankfurt/M und Hamburg, Fischer Bücherei, S. 180 ff
2) McIntosh, Steve (2009): Integrales Bewusstsein und die Zukunft der Evolution, St. Paul, Minnesota, Phänomen-Verlag, S 26
3) Damasio, Antonio R. (2009[8]): Ich fühle, also bin ich. Die Entschlüsselung des Bewusstseins, Berlin, List, S.77

4) Wüst, Andrea: Über das Selbstverständnis der Pädagogik als Wissenschaft. In: Mikhail, Thomas: Pädagogische Anthropologie – Zwischen Freiheit und Determination. Zeitlose Probleme der Pädagogik - Pädagogik als zeitloses Problem? Über das Selbstverständnis der Pädagogik als Wissenschaft, OpenEdition Books
5) Gehlen, Arnold (1940): Der Mensch seine Natur und seine Stellung in der Welt. In: Die Philosophische Anthropologie
6) Hamdan, Bruno, (1993[2]): Pädagogische Anthropologie. Theorien - Modelle - Strukturen. Eine Einführung. Bad Heilbrunn
7) Eckhard Meinberg (1988): Das Menschenbild der modernen Erziehungswissenschaft, Darmstadt, Wissenschaftliche Buchgesellschaft
8) Kierkegaard, Sören.: a. a. O. S. 180
9) Ebd. S. 184
10) Der Brockhaus Psychologie (2008): Mannheim, S. 541.
11) Metzinger, Thomas (2011[3]): Der EGO-TUNNEL. Eine neue Philosophie des Selbst: Von der Hirnforschung zur Bewusstseinsethik, Berlin, BvT, S. 90
12) Kierkegaard, Sören.: a. a. O. S. 180
13) Ebd. S. 181 ff
14) Damasio, Antonio R. (2009[8]): Ich fühle, also bin ich. Die Entschlüsselung des Bewusstseins, Berlin, List, S.208

15) Metzinger, Thomas, a. a. O.

16) Panksepp J 1 , Northoff G. (2009): Das speziesübergreifende Kern SELBST: die Entstehung aktiver kultureller und neuroökologischer Wirkstoffe durch selbstbezogene Verarbeitung in subkortikal-kortikalen Mittellinien-Netzwerken

17) Kohut, Heinz (1981): Die Heilung des Selbst. Frankfurt : Suhrkamp

18) Die „Anatomie des Selbst"aus den drei virtuellen Dimensionen ist eine Analogie zur „Anatomie des Bewusstseins"„bestimmter Hirnregionen und -systeme", Damasio, Antonio R., a. a. O. S. 28

19) Metzinger, Thomas (2017^6): a. a. O., S. 159

20) Kohut, Heinz, a. a. O. S. 157

21) Metzinger, Thomas (2011^3): a. a. O. S. 20

22) Damasio, Antonio R., a. a. O. S. 208

23) Krappmann, Lothar(1969): Soziologische Dimensionen der Identität

24) Metzinger, Thomas, „Das rätselhafte Ich"(8. 9. 2011): a. a. O.

25) Gebser, Jean, Ursprung und Gegenwart; Wilber, Ken, Eros Kosmos Logos; McIntosh, Steve, Integrales Bewusstsein und die Zukunft der Evolution

26) Gilbert Simondon: L'Individuation psychique et collective. 1964. (Aubier, 1989)

27) Damasio, Antonio R., a. a. O., S. 221, 328, 339ff
28) Bandura, A. (2001). Social cognitive theorie: An agentic perspective. Annual Review of Psychology, 52, 1 - 26, zitiert nach Mummendey, a. a. O. S. 190
29) Damasio, Antonio R., a. a. O. S. 169
30) Ebd. S. 169
31) Steven Rose, in: Damasio a. a. O. S. 172
32) McIntosh, a. a. O. z. B. S. 26
33) Damasio, Antonio R., a. a. O. S. 172
34) Ebd. S. 165
35) Ebd. S. 171
36) Ebd. S. 77
37) Ebd.
38) Mummendey, Hans Dieter, a. a. O. S. 188 ff
39) Metzinger, Thomas (2017[6]): a. a. O. S. 159
40) Mummendey, Hans Dieter, a. a. O. S. 76
41) Damasio, Antonio R., a. a. O., S. 398 ff
42) Damasio, Antonio R., a. a. O. S. 171
43) vgl. Kierkegaard, a. a. O. S. 182
44) Metzinger, Thomas, (2017[6]): a. a. O. S. 351 ff
45) Metzinger, Thomas (2011[3]): S. 306
46) Ebd. S. 337
47) Damasio, Antonio R.: a. a. O. S. 176
48) Damasio, Antonio R.: a. a. O. S. 171, s. a. Intervallraum, S. 30 ff

49) Spitzer, Manfred (2014): Digitale Demenz München, Droemer, S. 241

50) Damasio, a. a. O. S. 208, 215

51) Metzinger, Thomas (2011^3): a. a. O. S. 98

52) Damasio, Antonio R.: a. a. O. S. 24

53) Metzinger, Thomas (2011^3): a. a. O. S. 99., vgl a. Damasio S. 24

54) Ebd. S. 306

55) Metzinger, Thomas, (2017^6): a. a. O. S. 310

56) Stein, Zachary (2019): Education in a Time between Worlds: Essays on the Future of Schools, Technology, and Society, Verlag Integral Publishing House

57) Humberto R. Maturana/Francisco J. Varela (1990): Der Baum der Erkenntnis. Die biologischen Wurzeln menschlichen Erkennens

58) Psychologie heute , 2014, Memorandum reflexive Neurowissenschaft

59) Kierkegaard, Sören, a. a. O. S. 180

60) Ebd. a. a. O. S. 183

61) Koch, Andreas (2012): SELBST-EVOLUTION. Die Antwort auf eine globale Herausforderung. Ingelheim, zeitgeist, S. 85

62) Maslow, Abraham: A Theory of Human Motivation, 1943, und: Mark E. Koltko-Rivera: Rediscovering the Later Version of Maslow,s Hierarchy of Needs: Self-Transcendence and

Opportunities for Theory, 1970 Farther Reaches of Human Nature, New York 1971

63) Kutter, Peter (Hrsg.) (1989): Selbstpsychologie. Weiterentwicklungen nach Heinz Kohut. Stuttgart, Klett-Cotta, S. 7)

64) Damasio, Antonio R., a. a. O., S. 167

65) Gehlen, Arnold, a. a. O.

66) Kierkegaard, Sören, a. a. O. S. 184

67) Koch, Andreas, a. a. O.

68) Diem, Hermann, (1956), KIERKEGAARD Frankfurt/M, Hamburg, S. 7

69) Spitzer, Manfred (2014): Digitale Demenz. Wie wir uns und unsere Kinder um den Verstand bringen, München, Droemer, S. 51

70) Kierkegaard, Sören, a. a. O. S. 180

71) Metzinger, Thomas, (2017^6), a. a. O. S. 160

72) Panksepp J 1 , Northoff G. , a. a. O.

73) Damasio, Antonio R., a. a. O. S. 169 ff

74) Ebd. S. 167

75) Keleman, Stanley, (1980^2), Dein Körper formt dein Selbst. Selbsterfahrung durch Bioernergetik, München, Kösel

76) Metzinger, Thomas (2011^3), a. a. O. S. 46

77) Ebd. S. 38

78) Damasio, Antonio R., a. a. O. S. 173

79) Kierkegaard, Sören, a. a. O. S. 180

80) Metzinger, Thomas, (2011^3) S. 19

81) Ebd.S. 21
82) Ebd. S. 307
83) Damasio, Antonio R., a. a. O. S. 24f
84) Mummendey, Hans Dieter, a. a. O. S. 188 ff
85) McIntosh, Steve, a. a. O. S. 19ff
86) Damasio Antonio R., a. a. O. S. 28
87) Ebd. S. 176f
88) Ebd. S. 164, 174
89) Ebd. S. 182
90) Ebd. S. 211
91) Ebd. S. 176
92) Ebd.S. 183f
93) Koch, Andreas, a. a. O.
94) Damasio a. a. O. S. 407
95) Ebd. S. 21
96) Ebd. S. 171
97) Groos, Karl (1923): Das Seelenleben des Kindes, S. 79
98) Damasio, S. 208ff
99) (Panksepp J 1 , Northoff G. (2009): Das speziesübergreifende Kern SELBST: die Entstehung aktiver kultureller und neuroökologischer Wirkstoffe durch selbstbezogene Verarbeitung in subkortikal-kortikalen Mittellinien-Netzwerke
100) Damasio a. a. O. z. B. S. 13
101) Bildungsziel der UNESCO

102) Childre; Doc/ Howard, Martin (2016): Die HerzIntelligenz(R)-Methode: Gesundheit stärken, Probleme meistern - mit der Kraft des Herzens, Kirchzarten,VAK Verlag

103) Kugel, Stefan Hafiz (2015): Mensch in Veränderung! Teil 1: Was (wie) uns die neuen Kinder lehren(leeren

104) Lorber, Jakob (1984): Das große Evangelium Johannes, S. 43 ff, Bietigheim, Lorber-Verlag

105) Michaelis, Angela –Hrsg.-(2012): Bildung : integral

106) Költze, Horst (2019): Der EVOLUTIONS-GEIST transformiert das BILDUNGS-BEWUSSTSEIN, Aktion gute Schule

107) Költze, Horst (2018): Das weibliche Prinzip (r)evolutioniert die Schule

108) Horx, Matthias (2019): 15 1/2 Regeln für die Zukunft. Anleitung zum visionären Leben, Düsseldorf. Berlin, Econ

109) Saionji, Masami (2006[2]): You can change yourself, in: Ervin Laszlo, Zukunftsforscher und Präsident des Club of Budapest, Wie kann ich die Welt verändern?, Berlin, Ullstein, S. 101

110) Roth, Heinrich (1971): Pädagogische Anthropologie, Hannover, Schroedel, S. 389. Wie bedeutsam die „Selbstkompetenz“für die Entwicklung der Lehrer-Schüler-Beziehung auch im Berufsschulunterricht ist, weist Jens Soe-

mers in seiner empirischen Untersuchung zur beruflichen Handlungskompetenz nach: Soemers; Jens (2020), Lehrer-Schülerbeziehung im Berufsschulunterricht, RWTH Aachen University

111) Frankl, Viktor E. (2010): Logotherapie und Existenzanalyse. Texte aus sechs Jahrzehnten, Weinheim, Beltz.

Teil C

1) McIntosh, Steve (2009): Integrales Bewusstsein und die Zukunft der Evolution, Hamburg, Phänomen-Verlag, S. 15

2) Metzinger, Thomas, Der EGO-Tunnel. Eine neue Philosophie des selbst: Von der Hirnforschung zur Bewusstseinsethik, 2014[2]),S. 15

3) McIntosh, Steve (2009, S. 19): Integrales Bewusstsein und die Zukunft der Evolution, Hamburg, Phänomen-Verlag, S. 19 ff

4) Kant, I.: Kritik der reinen Vernunft B422f. Anm. (Paralogismus), zitiert nach K. Gloy, a. a. O. S. 135

5) Gloy, Karen: Bewusstseinstheorien. Zur Problematik und Problemgeschichte des Bewusstseins und Selbstbewusstseins., Freiburg/ München Verlag Karl Alber 2004[4]), S. 136 f.

6) Gloy, K.: a. a. O. S. 138, vgl. a. Platon: Charmides, S. 174d f.

7) Damasio, Antonio R. (2009[8]): Ich fühle, also bin ich. Die Entschlüsselung des Bewusstseins, Berlin, List, S.24f
8) Rogers, C. R..: Die klientbezogene Gesprächstherapie, München 1972, S. 135
9) Rustemeyer, a. a. O. S. 8
10) Brockhaus Enzyklopädie in vierundzwanzig Bänden, Bd. 20, Mannheim 1993
11) Kohut, H. (1977): Die Heilung des Selbst. Frankfurt 1979, S. 299
12) Metzinger, Thomas (2017[6]): Der EGO-TUNNEL. Eine neue Philosophie des Selbst: Von der Hirnforschung zur Bewusstseinsethik, S. 299
13) Ebd. S. 23
14) Ebd. S. 24
15) Ebd. S. 24
16) Ebd. S. 25
17) Damasio, Antonio R. (2009[8]): a. a. O., S. 231
18) Ebd., S. 208 ff
19) Ebd., S. 208 ff
20) Panksepp J 1 , Northoff G. (2009): Das speziesübergreifende Kern SELBST: die Entstehung aktiver kultureller und neuroökologischer Wirkstoffe durch selbstbezogene Verarbeitung in subkortikal-kortikalen Mittellinien-Netzwerken

21) Metzinger, Thomas (2017[6]): Der EGO-TUNNEL. Eine neue Philosophie des Selbst: Von der Hirnforschung zur Bewusstseinsethik,S. 15
22) Ebd. S. 15
23) Ebd. S. 160
24) Damasio, Antonio R.: a. a. O. S. 171
25) Ebd. S.170
26) Metzinger, Thomas (2017[6]): Der EGO- TUNNEL. Eine neue Philosophie des Selbst: Von der Hirnforschung zur Bewusstseinsethik., München, Piper, S. 308
27) Ebd. S. 15
28) Damasio, Antonio R., a. a. O. S. 231
29) Mummendey, Hans Dieter (2006): Psychologie des ‚Selbst`. Theorien, Methoden und Ergebnisse der Selbstkonzeptforschung, S. 7
30) Mummendey, Hans Dieter (2006): a. a. O. S. 25
31) Ebd. S. 16
32) Ebd. S. 21
33) Ebd. S. 18
34) Ebd. S. 24
35) Ebd. z. B. S. 154
36) Lexikon der Religionen
37) Thich Nhat Hanh (1999): Das Herz von Buddhas Lehre. Herder Verlag, Freiburg i.Br., S. 24

38) C. G. Jung, Die Beziehungen zwischen dem Ich und dem Unbewussten, Zürich: Rascher .1963, 134-135, 137). Nach: Roland Müller
39) Ebd.
40) Rustemeyer, Ruth (1993), Aktuelle Genese des Selbst. Motive der Verarbeitung selbstrelevanter Rückmeldungen. Münster, Aschendorff, S. 5
41) Rustemeyer, Ruth (1993), a. a. O. S. 231
42) Ebd. S. 227
43) Ebd.
44) Ebd. S. 10f
45) Ebd.
46) Panksepp J 1 , Northoff G. (2009): Das speziesübergreifende Kern SELBST: die Entstehung aktiver kultureller und neuroökologischer Wirkstoffe durch selbstbezogene Verarbeitung in subkortikal-kortikalen Mittellinien-Netzwerken
47) Damasio, Antonio R., (2009[8]), Ich fühle, also bin ich. Die Entschlüsselung des Bewusstseins. Berlin, List, S. 208
48) Ebd. S. 36
49) Ebd.
50) Ebd. S. 165
51) Ebd. S. 171
52) Ebd. S. 211 ff und z. B. 232, 264, 302, 335 ff
53) Ebd. S. 165

54) Ebd. S. 167
55) Ebd. S. 164
56) Ebd. S. 225
57) Ebd. S. 227
58) Ebd. S. 262
59) Ebd. S. 210
60) Ebd. S. 231
61) Ebd. S. 187, 211f
62) Kierkegaard, Sören, Die Krankheit zum Tode(1956): In: KIERKEGAARD: Frankfurt/M und Hamburg, Fischer Bücherei, S. 180ff
63) Psychoanalytiker Ernest Wolf: Das Selbst in der Psychoanalyse: Grundsätzliche Aspekte, 1989 München, Wien, S. 7
64) Psychoanalytiker Heinz Kohut, (1977): Die Heilung des Selbst. Frankfurt 1979, S. 158/9
65) Damasio, Antonio R. (2009[8]): Ich fühle, also bin ich. Die Entschlüsselung des Bewusstseins. Berlin, List, S. 208f, 211
66) Ebd. S. 30
67) Ebd. S. 36
68) Ebd. S. 32
69) Ebd. S. 237
70) Pädagogen Ziehe, T. / Stubenrauch, H.: Plädoyer für ungewöhnliches Lernen. Ideen zur Jugendsituation. Reinbek 1982, S. 74

71) Helsper, Werner (1989): Selbstkrise und Individuationsprozess. Opladen, Westdeutscher Verlag
72) Kierkegaard, Sören, a. a. O., S. 180ff
73) Kernberg, O. F. (1975): Borderline-Störungen und pathologischer Narzismus, Frankfurt 1978, S. 358
74) Kohut, Heinz: (1981), Die Heilung des Selbst, Frankfurt a. M. , Suhrkamp, S. 299
75) Damasio, Antonio R. (2009[8]): a. a. O. S. 208, 215
76) Kierkegaard, Sören, a. a. O. S. 180 ff
77) Kohut, H. (1977): Die Heilung des Selbst. Frankfurt 1979, S. 299
78) Metzinger, Thomas (2017[6]): Der EGO-TUNNEL. Eine neue Philosophie des Selbst: Von der Hirnforschung zur Bewusstseinsethik., München, Piper, S. 15
79) Ebd. S. 309
80) Kierkegaard, S.: a. a. O. S. 184
81) Kohut, Heinz: a. a. O. S. 249
82) Ebd. S. 248
83) Ebd. S. 249
84) Kutter, Peter (1989): Selbstpsychologie, Stuttgart
85) Kohut, Heinz: a. a. O. S. 273
86) Kohut, Heinz: a. a. O. S. 274
87) Kohut, Heinz: a. a. O. S. 274

88) Kutter, Peter, Selbstpsychologie, Stuttgart 1989, S. XII, 41
89) Bohleber, Werner(2013): Kultureller Wandel in der Psychoanalyse. Vortrag auf den Lindauer Psychotherapiewochen 2013
90) Kohut, Heinz: a. a. O. S. 299
91) Zinnecker, Jürgen(2000): Selbstsozialisation. Essay über ein aktuelles Konzept. Zeitschrift für Soziologie der Erziehung und Sozialisation 20 (2000) 3, S. 272 . 290
92) Luhmann, Niklas: (1981) Interpenetration - Zum Verhältnis personaler und sozialer Systeme. In N. Luhmann, Soziologische Aufklärung
93) Hurrelmann, Klaus (1995): Einführung in die Sozialisationstheorie. Über den Zusammenhang von Sozialstruktur und Persönlichkeit, Weinheim, Basel: Beltz
94) Baacke, Dieter; Fromme, Johannes & et. al. (1997): Selbstsozialisation, Kinderkultur und Mediennutzung. Entwurf eines Tagungskonzepts - Fühjahrstagung -98 - des Zentrums für Kindheits- und Jugendforschung. Bielefeld (Typoskript)
95) Zinnecker, Jürgen: a. a. O.
96) Zinnecker, Jürgen: a. a. O.), wie Eltern und Schule. 1) (vgl. Krappmann, Lothar; Oswald, Hans (1995): Alltag der Schulkinder. Beobachtungen und Analysen von Interaktionen und Sozialbeziehungen. Weinheim: Juventa., Brei-

denstein, Georg; Kelle, Helga (1998): Geschlechteralltag in der Schulklasse. Weinheim: Juventa

97) Zinnecker, Jürgen: a. a. O

98) Zinnecker, Jürgen: a. a. O., (vgl. Dollase, Rainer (1985): Entwicklung und Erziehung. Angewandte Entwicklungspsychologie für Pädagogen. Stuttgart: Klett)vgl. Dollase, Rainer (1985): Entwicklung und Erziehung. Angewandte Entwicklungspsychologie für Pädagogen. Stuttgart, Klett

99) Krewer, Bernd& Lutz H. Eckensberger (1991): Selbstentwicklung und kulturelle Identität. In K. Hurrelmann & d. Ulich, Neues Handbuch der Sozialisationsforschung (S. 573 - 594). Weinheim: Beltz

100) Zinnecker, Jürgen: a. a. O.

101) Baacke, Dieter; Fromme, Johannes & et. al. (1997): a. a.O.

102) Luhmann, Niklas (1987): Sozialisation und Erziehung. In: N. Luhmann, Soziologische Aufklärung 4 (S. 174). Opladen: Westdeutscher Verlag

103) Zinnecker, Jürgen: a. a. O.

104) Bauer, Ulrich: Selbst- oder Fremdsozialisation: Zur Theoriedebatte in der Sozialisationsforschung. Eine Entgegnung auf Jürgen Zinnecker, Zeitschrift für Soziologie der Erziehung und Sozialisation 22 (2002) 2, S. 118 - 142

105) Bauer, Ulrich: a. a. O.
106) Zinnecker, Jürgen: a. a. O.

Teil D

1) Boeing, Niels (2013): Der Mensch ist noch nicht fertig. 3. Dezember 2013, ZEIT Wissen Nr. 1/ 2014
2) Gebser, Jean, Ursprung und Gegenwart; Wilber, Ken, Eros Kosmos Logos; McIntosh, Steve, Integrales Bewusstsein und die Zukunft der Evolution
3) Johnson, Jeremy: Durch die Welt sehen – Jean Gebser und das integrale Bewusstsein, Integrales Forum
4) Beck, Sebastian (2011): "Das führt zum Untergang der Menschheit", Interview mit Paul R. Ehrlich, 30. 10. 2011 SZ.de Existential climate-related security risk: A scenario approach, 2019
5) Peccei, Aurelio, Hrsg., (1979[9]): Club of Rome. Bericht für die achtziger Jahre. Das menschliche Dilemma. Zukunft und Lernen. Wien – München – Zürich – Innsbruck, Molden, S. 31
6) Ebd. S. 33
7) Ebd. S. 21, 51 ff
8) Ebd. S. 192

9) Ebd.

10) Ebd.

11) Költze, Horst (2015): DER SCHUL-KÄFIG - EINE SKINNER-BOX, faszinationmensch.com, 2015/ 01/28

12) Spitzer, Manfred (2014): Digitale Demenz. Wie wir uns und unsere Kinder um den Verstand bringen, München, Droemer, S. 253

13) Jung, Carl, Gustav (2018): Gesammelte Werke. Band 14/2: § 433. Patmos Verlag, Stuttgart

14) Gloy, Karen: Bewusstseinstheorien.

15) Badur, Imke (2020): Info-Portal ‚Orientierungszeiten` , Internet

16) Peccei, Aurelio, a. a. O. S. 26, (Sperrdruck v. Verf.)

17) Metzinger, Thomas, „Das rätselhafte Ich"(8. 9. 2011): Interview mit ZEIT ONLINE

18) Boeing, Niels, a. a. O.

19) Ebd.

20) „Gehirn und Geist", 06/2004

21) Wolf, Christian, dasgehirn.info

22) „Psychologie Heute"(2014): „Memorandum reflexive Neuowissenschaft"

23) Ebd.

24) Spitzer, Manfred (2014): Digitale Demenz München Droemer, S. 241

25) van Helsing, Jan: Die Kinder des Neuen Jahrtausends

26) Wilber, Ken, Eine kurze Geschichte des Kosmos, S. 47
27) Ebd. S. 45
28) ESA berichtete am 19. Juni 2014: Messungen in den vergangenen sechs Monaten bestätigen den allgemeinen Trend der Schwächung des Feldes, mit dem dramatischsten Rückgang in der westlichen Hemisphäre
29) Trofimov, Alexander V. MD, International Scientific Research Institute for Cosmic Anthropo-Ecology
30) Ludwig-Maximilians-Universität München (2018): Scientific Reports, Forschung, Menschliche Wahrnehmung. Magnetische Muster im Gehirn, (27.07.2018) Bereits im Jahre 1992 gelang dem amerikanischen Forscherteam von Prof. Joseph L. Kirschvink der Nachweis: Magnetitkristalle sind im menschlichen Gehirn massenhaft vorhanden, Geobiologische–Universität, Carlifornia-Institut of Technology, Pasadena
31) Fittkau, Ludger (2016): Menschheitsgeschichte - Historiker im Zwist mit Evolutionsbiologen, Zeitfragen / Archiv | Beitrag vom 03. 02. 2016
32) Wilber, Ken, a. a. O. S. 44
33) Damasio, Antonio R. (2009[8]): Ich fühle, also bin ich. Die Entschlüsselung des Bewusstseins, Berlin, List, S.77

34) Gebser, Jean, Ursprung und Gegenwart; Wilber, Ken, Eros Kosmos Logos; McIntosh, Steve, Integrales Bewusstsein und die Zukunft der Evolution

35) Damasio, Antonio R.: a. a. O. S. 171

36) Ebd. S. 170

37) Ebd. S. 176

38) Peccei, Aurelio, a. a. O. S. 12

39) Ebd. S. 11 f, Sperrdruck v. Verf.

40) Jung, Carl Gustav (2018): Gesammelte Werke, Band 10: § 318, Stuttgart, Patmos Verlag

41) Metzinger, Thomas (2017): Der EGO-TUNNEL. Eine neue Philosophie des Selbst: Von der Hirnforschung zur Bewusstseinsethik., München, Piper, S. 308

42) Damasio, Antonio R., a. a. O. , S. 208

43) Panksepp J 1 , Northoff G. (2009): Das speziesübergreifende Kern SELBST: die Entstehung aktiver kultureller und neuroökologischer Wirkstoffe durch selbstbezogene Verarbeitung in subkortikal-kortikalen Mittellinien-Netzwerken

44) Satori (2014): Rezension des Buches „Selbstevolution", 13. April 2014)

45) Kohut, Heinz (1981): Die Heilung des Selbst. Frankfurt : Suhrkamp

46) Hurrelmann, Klaus (1995): Einführung in die Sozialisationstheorie. Über den Zusammen-

hang von Sozialstruktur und Persönlichkeit, Weinheim, Basel, Beltz

47) Faltin, Günter (2008): Kopf schlägt Kapital. Die ganz andere Art, ein Unternehmen zu gründen. Von der Lust , ein Entrepeneur zu sein. München, Hanser

48) Laloux, Frederic (2015): Reinventing Organizations. Ein Leitfaden zur Gestaltung sinnstiftender Formen der Zusammenarbeit, München Vahlen

49) Horx, Mathias (2019): 15 ½ Regeln für die Zukunft. Anleitung zum visionären Leben, Berlin, Econ

50) Peccei, Aurelio, a. a. O. S. 24

51) Hosang, Maik (2000): Der integrale Mensch, Gladenbach, Hinder + Deelmann

52) Broers, Dieter: Gedanken erschaffen Realität. Die Gesetze des Bewusstseins

53) Heidegger, Martin (2006): Sein und Zeit. Tübingen, Max Niemeyer

54) Botschaft vom Weissen Adler / Hopi-Indianer - Jamila Vidas www.jamilavidas-coaching.de › botschaft vom 16. März 2020

55) Stein, Zachary (2019): Education in a Time between worlds. Essays on the Future of Schools, Technology, and Society. Verlag Integral Publishing House

Quellenverzeichnis

Baacke, Dieter; Fromme, Johannes & et. al. (1997): Selbstsozialisation, Kinderkultur und Mediennutzung. Entwurf eines Tagungskonzepts – Fühjahrstagung -98 – des Zentrums für Kindheits- und Jugendforschung. Bielefeld (Typoskript)

Badur, Imke (2020): Info-Portal ‚Orientierungszeiten`, Internet

Bandura, A. (2001): Social cognitive theorie: An agentic perspective. Annual Review of Psychology, 52, 1 - 26

Bauer, Ulrich(2002): Selbst- oder Fremdsozialisation: Zur Theoriedebatte in der Sozialisationsforschung. Eine Entgegnung auf Jürgen Zinnecker, Zeitschrift für Soziologie der erziehung und Sozialisation 22 (2002) 2

Beck, Sebastian (2011): "Das führt zum Untergang der Menschheit", Interview mit Paul R. Ehrlich, 30. 10. 2011 SZ.de

Boeing, Niels (2013): Der Mensch ist noch nicht fertig. 3. Dezember 2013, ZEIT Wissen Nr. 1/2014

Bohleber, Werner(2013): Kultureller Wandel in der Psychoanalyse. Vortrag auf den Lindauer Psychotherapiewochen 2013

Breidenstein, Georg/ Kelle, Helga (1998): Geschlechteralltag in der Schulklasse. Weinheim: Juventa

Broers, Dieter: Gedanken erschaffen Realität. Die Gesetze des Bewusstseins

Brockhaus (1993): Enzyklopädie in vierundzwanzig Bänden, Bd. 20, Mannheim

Childre; Doc/ Howard, Martin (2016): Die HerzIntelligenz(R)-Methode: Gesundheit stärken, Probleme meistern - mit der Kraft des Herzens, Kirchzarten,VAK Verlag

Covey, Stephen R./Merrill, A. Roger u. a.(1998[2]): Der weg zum Wesentlichen. Zeitmanagement der vierten Generation, Frankfurt/M., New York, Campus

Diem, Hermann, (1956), KIERKEGAARD Frankfurt/ M, Hamburg

Damasio, Antonio R. (2009[8]): Ich fühle, also bin ich. Die Entschlüsselung des Bewusstseins, Berlin, List

Der Brockhaus Psychologie (2008): Mannheim

Dollase, Rainer (1985): Entwicklung und Erziehung. Angewandte Entwicklungspsychologie für Pädagogen. Stuttgart: Klett

Eckhard Meinberg (1988): Das Menschenbild der modernen Erziehungswissenschaft, Darmstadt, Wissenschaftliche Buchgesellschaft

ESA-Bericht, 19. Juni 2014

Existential climate-related security risk: A scenario approach, 2019

Faltin, Günter (2008): Kopf schlägt Kapital. Die ganz andere Art, ein Unternehmen zu gründen. Von der Lust , ein Entrepeneur zu sein. München, Hanser

Fittkau, Ludger (2016): Menschheitsgeschichte - Historiker im Zwist mit Evolutionsbiologen, Zeitfragen / Archiv | Beitrag vom 03. 02. 2016

Frankl, Viktor E. (2010): Logotherapie und Existenzanalyse. Texte aus sechs Jahrzehnten, Weinheim, Beltz

Gebser, Jean, Ursprung und Gegenwart; Wilber, Ken, Eros Kosmos Logos; McIntosh, Steve, Integrales Bewusstsein und die Zukunft der Evolution

Gigerenzer, Gerd (2008): Interview mit der Fachzeitschrift „Projektmanagement aktuell“, 3/ 2008

„Gehirn und Geist“, 06/2004

Gehlen, Arnold (1940): Der Mensch seine Natur und seine Stellung in der Welt. In: Die Philosophische Anthropologie

Gilbert Simondon (1989): L'Individuation psychique et collective. 1964. Aubier

Gloy, Karen (2004[4]): Bewusstseinstheorien. Zur Problematik und Problemgeschichte des Bewusstseins und Selbstbewusstseins., Freiburg/München Verlag Karl Alber

Groos, Karl (1923): Das Seelenleben des Kindes

Hamdan, Bruno, (1993[2]): Pädagogische Anthropologie. Theorien - Modelle - Strukturen. Eine Einführung. Bad Heilbrunn

Heidegger, Martin (2006): Sein und Zeit. Tübingen, Max Niemeyer

Helsper, Werner (1989): Selbstkrise und Individuationsprozess. Opladen, Westdeutscher Verlag

Horx, Matthias (2019): 15 1/2 Regeln für die Zukunft. Anleitung zum visionären Leben, Düsseldorf. Berlin, Econ

Hosang, Maik (2000): Der integrale Mensch, Gladenbach, Hinder + Deelmann

Hurrelmann, Klaus (1995): Einführung in die Sozialisationstheorie. Über den Zusammenhang von Sozialstruktur und Persönlichkeit, Weinheim, Basel, Beltz

Johnson, Jeremy: Durch die Welt sehen – Jean Gebser und das integrale Bewusstsein, Integrales Forum

Jung, Carl Gustav (1963): Die Beziehungen zwischen dem Ich und dem Unbewussten, Zürich, Rascher

Jung, Carl, Gustav (2018): Gesammelte Werke, Patmos Verlag, Stuttgart

Kant, I.: Kritik der reinen Vernunft B422f

Keleman, Stanley (1980^2), Dein Körper formt dein Selbst. Selbsterfahrung durch Bioernergetik, München, Kösel

Kernberg, O. F. (1978): Borderline-Störungen und pathologischer Narzismus, Frankfurt

Kierkegaard, Sören, Die Krankheit zum Tode(1956): In: KIERKEGAARD: Frankfurt/M und Hamburg, Fischer Bücherei

Koch, Andreas (2012): SELBST-EVOLUTION. Die Antwort auf eine globale Herausforderung. Ingelheim, zeitgeist

Kohut, Heinz (1981): Die Heilung des Selbst. Frankfurt : Suhrkamp

Költze, Horst (2018): Das weibliche Prinzip (r)evolutioniert die Schule

Költze, Horst (2019): Der EVOLUTIONS-GEIST transformiert das BILDUNGS-BEWUSSTSEIN, Aktion gute Schule

Költze, Horst (2015): DER SCHUL-KÄFIG - EINE SKINNER-BOX, faszinationmensch.com, 2015/ 01/28

Koltko-Rivera, Mark E. (1970): Rediscovering the Later Version of Maslow,s Hierarchy of Needs: Self-Transcendence and Opportunities for Theory, Farther Reaches of Human Nature, New York 1971

Krappmann, Lothar(1969): Soziologische Dimensionen der Identität

Krappmann, Lothar; Oswald, Hans (1995): Alltag der Schulkinder. Beobachtungen und Analysen von Interaktionen und Sozialbeziehungen. Weinheim: Juventa., Breidenstein

Krewer, Bernd& Lutz H. Eckensberger (1991): Selbstentwicklung und kulturelle Identität

Kugel, Stefan Hafiz (2015): Mensch in Veränderung! Teil 1: Was (wie) uns die neuen Kinder lehren(leeren)

Kutter, Peter (Hrsg.) (1989): Selbstpsychologie. Weiterentwicklungen nach
Heinz Kohut, Stuttgart. Klett-Cotta

Laloux, Frederic (2015): Reinventing Organizations. Ein Leitfaden zur Gestaltung sinnstiftender Formen der Zusammenarbeit, München Vahlen

Lexikon der Religionen

Lorber, Jakob (1984): Das große Evangelium Johannes, S. 43 ff, Bietigheim, Lorber-Verlag

Ludwig-Maximilians-Universität München (2018): Scientific Reports, Forschung, Menschliche Wahrnehmung. Magnetische Muster im Gehirn, (27.07.2018)

Luhmann, Niklas: (1981) Interpenetration - Zum Verhältnis personaler und sozialer Systeme. In N. Luhmann, Soziologische Aufklärung

Luhmann, Niklas (1987): Sozialisation und Erziehung. In: N. Luhmann, Soziologische Aufklärung 4 (S. 174). Opladen: Westdeutscher Verlag

Maslow, Abraham (1943): A Theory of Human Motivation

Maturana, Humberto R. / Varela, Francisco J. (1990): Der Baum der Erkenntnis. Die biologischen Wurzeln menschlichen Erkennens

McIntosh, Steve (2009): Integrales Bewusstsein und die Zukunft der Evolution, St. Paul, Minnesota, Phänomen-Verlag

Metzinger, Thomas, (8. 9. 2011): „Das rätselhafte Ich“ Interview mit ZEIT ONLINE

Metzinger, Thomas (2011[3]): Der EGO-TUNNEL. Eine neue Philosophie des Selbst: Von der Hirnforschung zur Bewusstseinsethik, Berlin, BvT

Mummendey, Hans Dieter (2006): Psychologie des ‚Selbst`. Theorien, Methoden und Ergebnisse der Selbstkonzeptforschung, Göttingen, Hogrefe

Panksepp J., Northoff G. (2009): Das speziesübergreifende Kern SELBST: die Entstehung aktiver kultureller und neuroökologischer Wirkstoffe durch selbstbezogene Verarbeitung in subkortikal-kortikalen Mittellinien-Netzwerken

Peccei, Aurelio, Hrsg., (1979[9]): Club of Rome. Bericht für die achtziger Jahre. Das menschliche

Dilemma. Zukunft und Lernen. Wien – München – Zürich – Innsbruck, Molden

Psychologie heute (2014): Memorandum reflexive Neurowissenschaft

Rogers, C. R. (1972): Die klientbezogene Gesprächstherapie, München

Roth, Heinrich (1971): Pädagogische Anthropologie, Hannover, Schroedel

Rustemeyer, Ruth (1993), Aktuelle Genese des Selbst. Motive der Verarbeitung selbstrelevanter Rückmeldungen. Münster, Aschendorff

Saionji, Masami (2006^{2}): You can change yourself, in: Ervin Laszlo, Zukunftsforscher und Präsident des Club of Budapest, Wie kann ich die Welt verändern?, Berlin, Ullstein

Satori (2014): Rezension des Buches „Selbstevolution"

Soemers; Jens (2020), Lehrer-Schülerbeziehung im Berufsschulunterricht, RWTH Aachen University

Spitzer, Manfred (2014): Digitale Demenz München, Droemer

Stein, Zachary (2019): Education in a Time between worlds. Essays on the Future of Schools, Technology, and Society. Verlag Integral Publishing House

Thich Nhat Hanh (1999): Das Herz von Buddhas Lehre. Herder Verlag, Freiburg i.Br.

Trofimov, Alexander V., International Scientific Research Institute for Cosmic Anthropo-Ecology

UNESCO

van Helsing, Jan (2005): Die Kinder des Neuen Jahrtausends, Fichtenau-Wildenstein, Ama deus

Weisser Adler / Hopi-Indianer (2020): Jamila Vidas www.jamilavidas-coaching.de › botschaft vom 16. März 2020

Wilber, Ken (2000[4]): Eine kurze Geschichte des Kosmos, Frankfurt/M, Fischer

Wolf, Christian, dasgehirn.info

Wolf, Ernest (1989): Das Selbst in der Psychoanalyse: Grundsätzliche Aspekte, München, Wien

Wüst, Andrea (2011): Über das Selbstverständnis der Pädagogik als Wissenschaft, Karlsruhe

Ziehe, T. / Stubenrauch, H. (1982): Plädoyer für ungewöhnliches Lernen. Ideen zur Jugendsituation. Reinbek

Zinnecker, Jürgen(2000): Selbstsozialisation. Essay über ein aktuelles Konzept. Zeitschrift für Soziologie der Erziehung und Sozialisation 20 (2000) 3

Index

A

B

C

D

E

F

G

H

J

L

M

N

O

P

Q

R

S

T

W

Z

Der Autor

Horst Költze ist Bildungsvisionär. Seine Schriften, Bücher und Essays, eröffnen einen neuen Bildungshorizont mit einer Grundbotschaft:

Der heranwachsende Mensch ist sein eigenes Curriculum!

Im Prozess der Genese seines wahren Selbst entwickelt er sein kognitives und emotionales Potenzial, seine Verstandes- und seine Herzintelligenz.

Horst Költze ist die Verkörperung seiner Bildungs-Botschaft. Die Stationen seines Werdeganges markieren seine Selbst-Genese.

Als „dummer" Schüler verließ er 1949, vier Jahre nach der Flucht aus Pommern, das Gymnasium und begann eine Lehre. Nach der Lehrabschlussprüfung besuchte er neben seiner Arbeit als Angestellter das Abendgymnasium und bestand 1954 das Abitur. Danach begann er mit dem Studium für seinen Traumberuf ´Lehrer`.

Theologie und Philosophie, Pädagogik, Psychologie und Germanistik bilden in Verbindung mit gravierenden Lebensereignissen die Basis für die Entwicklung seiner anthropologisch orientierten Bildungs-Konzeption, die er in Schulpraxis und Lehrer*Innenbildung realisierte:

- Sieben Jahre als Leiter einer einklassigen Landschule mit den Jahrgängen eins bis neun.

- Sieben Jahre als Rektor einer Grund- und Hauptschule.

- Zweiundzwanzig Jahre als Leiter eines Studienseminars.

Daneben erhielt er Lehraufträge an Hochschule und Universität.

Er arbeitete mehrere Jahre mit Ruth C. Cohn zusammen, der Gründerin des Ruth- Cohn-Institute for TCI-international, und veröffentlichte erste Schriften mit seiner Bildungs-Botschaft.

Nach seiner Pensionierung etablierte er sich als Bildungs-Schriftsteller.

Horst Költze ist Vater von vier Kindern und sieben Enkelkindern.